Dieter Kletting
Predigtstress ade!

Der Autor:
Dieter Kletting ist Theologe M.Th. (UNISA) und Pastoraltherapeut (ISA). Er ist verheiratet und Vater von vier Söhnen. Nach über 30jähriger Tätigkeit als Gesundheits- und Krankenpfleger, Missionar und Gemeinschaftspastor gründete er 2013 seine eigene Seelsorge- und Beratungspraxis in Ettlingen. Seinen Ausgleich findet er beim Wandern, Reisen und Fotografieren sowie im kirchlichen Ehrenamt.

Website: www.sb-kletting.de
E-Mail: info@sb-kletting.de

Dieter Kletting

Predigtstress ade!
Wie die Predigtvorbereitung
zur Kraftquelle werden kann

Edition Life Consult

Band 1
der Reihe Stressmanagement,
Persönlichkeitsentwicklung und Sozialkompetenz

Der Text dieses Buches ist die gekürzte und maßvoll überarbeitete Fassung einer von der University of South Afri-
ca (UNISA) 2014 angenommenen Masterarbeit in Praktischer Theologie (Master of Theology, M.Th.).

Die Verantwortung für die inhaltliche Richtigkeit der
Textaussagen und ihrer Quellen trägt der Autor. Meinun-
gen und Glaubensansichten des Autors repräsentieren
nicht notwendig die Sichtweise des Herausgebers.

Coverfoto: © Dreamstime

Bibliografische Information der Deutschen Nationalbibliothek: Die Deutsche Nationalbibliothek verzeichnet diese
Publikation in der Deutschen Nationalbibliografie; detail-
lierte bibliografische Daten sind im Internet über dnb.d-
nb.de abrufbar.

ISBN: 978-3-7357-1901-0

Edition, Redaktion, Lektorat und Produktion:
Life Consult SPS KG, Hans-Arved Willberg
© Life Consult SPS KG
Pforzheimer Str. 186, 76275 Ettlingen.
www.life-consult.org
Herstellung und Verlag: BoD - Books on Demand, Norderstedt.

Inhalt

Teil I
Predigtstress verstehen

1. Stressberuf „Pfarrer"[1]

1.1. Der Stress des Predigers

Obwohl Stressprobleme die Predigtarbeit von Pfarrern, Pastoren und Predigern in hohem Maße beeinflussen, wurde das bislang im deutschen Sprachraum weder in der Homiletik noch andernorts in der Praktischen Theologie thematisiert.

Schon die theologischen Grundbedingungen der Predigtarbeit können aber Stress erzeugen. „Wir sollen als Theologen von Gott reden. Wir sind Menschen und können als solche nicht von Gott reden. Wir sollen beides, unser Sollen und unser Nicht-Können, wissen und eben damit Gott die Ehre geben", schrieb Karl Barth.[2] Der Prediger nimmt ein Ungleichgewicht zwischen der Anforderung und den zur Verfügung stehenden Bewältigungsmöglichkeiten wahr, woraus schädigender Stress resultieren kann.

In Zeiten sinkender Besucherzahlen und reduzierter Einnahmen in den Kirchen kann der kommunikative Anspruch an die Predigt den Gemeindepfarrer gewaltig unter Druck setzen. Andererseits sorgt gerade

---

[1] Das Forschungsprojekt, aus dem das Buch entstanden ist, konzentrierte sich speziell auf die Erfahrungen von landeskirchlichen Pfarrerinnen und Pfarrern. Darum benutze ich im Allgemeinen das Wort „Pfarrer", was im Prinzip aber andere Dienstbezeichnungen und ähnliche Berufe wie „Pastor" und „Prediger" einschließt. Der sprachlichen Einfachheit wegen bleibe ich zudem in der Sprechweise beim maskulinen „Pfarrer".

[2] Karl Barth, *Gesammelte Vorträge,* Teil 1: *Das Wort Gottes und die Theologie* (Theologischer Verlag: Zürich, 1929), 192.

auch die recht verstandene Predigt für Stress, da das Evangelium durch das Leben des Predigers ausgewiesen werden soll. Diese Last der Beweispflicht ist für die Schulter eines einzelnen Menschen oft zu schwer.[3]

Der überfüllte Zeitplan vieler Geistlicher bildet einen zusätzlichen Stressfaktor und steht im Zusammenhang mit der wachsenden Geist*losigkeit* der Predigt. Die Echolosigkeit der Predigt durch mangelndes handwerkliches Können verursacht ein Empfinden von Wirkungslosigkeit.[4] Die daraus resultierende Rollenunsicherheit erhöht die Anspannung des Predigers. Allerdings kann auch die Eloquenz des talentierten Predigers Stress bewirken. Wenn er das „Evangelium" beredt aus der Warte des scheinbar ethisch Überlegenen präsentiert und etwa zu viel Nachdruck auf Schuld und Schulderkenntnis legt, wagt es der Predigthörer nicht mehr, seine inneren Zweifel, Befürchtungen oder sogar „Sünden" zu äußern.[5] Die Beziehung des Predigers zu seinem Zuhörer wird belastet und die daraus folgende Isolation des Verkündigers verursacht sozialen Stress.

Ein weiterer Stressfaktor für den Prediger ist das Phänomen der Schreibblockade. In einer Umfrage unter Pastoren in Großbritannien gaben 70 Prozent der Befragten an, dass sie unter der „Angst vor dem weißen Blatt" leiden. Elf Prozent von ihnen kämpften oft mit mentalen Blockaden, die wiederum gehäuft in Kombination mit familiären Spannungen und Einsam-

---

[3] Jörn Halbe, Das Elend im Pfarrberuf heute: Lage und Lösungswege, Deutsches Pfarrerblatt (2008) 4, 192.

[4] Rudolf Bohren, *Predigtlehre*, 4., veränderte u. erw. Aufl. (Kaiser: München, 1980), 46.

[5] Andrew R. Irvine, *Between two worlds: Understanding and managing clergy stress* (Mowbray: London, 1997), XII.

keit auftraten.[6] Bei der Vorbereitung setzt der allwöchentliche Zwang zur Kreativität viele Prediger unter Druck und erhöht zusätzlich die Angst vor dem leeren Blatt. Kreativität kann nicht erzwungen werden[7].

Im Zeitalter der Massenmedien und Fernsehgottesdienste sind Gottesdienstbesucher von perfekten Inszenierungen verwöhnt. Der Prediger wird daher teilweise unangemessen verglichen, bewertet und kritisiert. Weil er diesen Beurteilungsprozess weder unterdrücken noch kontrollieren kann, empfindet er Unbehagen und Stress. Daher lenkt er seine Aufmerksamkeit vermehrt darauf, wie er ankommt. Ergebnis ist, dass er unter den unerbittlichen Druck eigener und fremder Erwartungen gerät.[8] Neben unangemessenen Erwartungen sind beim Predigtvortrag auch Momente des „Blackouts" gefürchtet. In seinem Plädoyer für die freie Predigt spricht Albert Damblon von der tiefsitzenden Angst, dass im entscheidenden Augenblick das Gedächtnis aussetzt und den Prediger bloßstellt.[9] Nach der Predigt können selbst ernannte, an Feinfühligkeit mangelnde Predigtkritiker sehr verletzend sein. Kommen dann noch Zweifel zum Ausdruck, ob

---

[6] Eunice Or, UK Evangelical Survey Reveals Stress as Biggest Problem for Pastors, Christian Today Limited, London, 2005, online im Internet: http://www.christiantoday.com/article/uk.evangelical.survey.reveals.stress. as.biggest.problem.for.pastors./3340.htm [Stand 2011-11-10].

[7] Karsten Dittmann, Kreatives Schreiben in der Schule: Die Angst vor dem leeren Blatt, homilia: Kreatives PredigtSchreiben, 2011, online im Internet: http://homilia.de/schreiben/ [Stand 2011-11-10].

[8] Ingeborg Roessler, Die Pfarrerehe – Eindrücke aus der Beratungspraxis, in: Richard Riess (Hg.), *Haus in der Zeit: Das evangelische Pfarrhaus heute*, 2., veränderte u. ergänzte Aufl. (Kaiser: München, 1992), 190-200.

[9] Albert Damblon, Sprechen! Sprechen! Sprechen! Wider die sonntägliche Predigtleserei, Zeitschrift für Gottesdienst und Predigt (1989) 1, 23.

der Prediger wirklich sein Geld wert ist, sinkt die von Selbstzweifeln begleitete Stimmung auf den Nullpunkt.[10] Auf Dauer entsteht durch die Summe vieler einzeln harmlos erscheinender Zwänge, Konflikte und Ängste ein gravierend gesundheitsschädlicher Stress.

Neben dem homiletisch verursachten Stress muss ein Pfarrer berufsbedingt zusätzliche Belastungen verarbeiten, die weit über das übliche Maß hinausgehen. Stress bei Pfarrern wird vor allem durch den Umstand verstärkt, dass in den Augen eines Großteils der Bevölkerung die pfarramtliche Arbeit als nicht sonderlich anstrengend gilt und folglich nicht gewürdigt wird. Es wird ihnen vorgehalten, sie hätten nur am Sonntag zu arbeiten.

Viel Pfarrer neigen dazu, sich hinter der Maske des öffentlichen Amtes zu verstecken und zum Gefangenen zwischen zwei Welten werden: Sie geraten zwischen die Welt der eigenen Person und die Welt der Rollenerwartung ihres Berufs. Dieser Konflikt wird begleitet von der Unterdrückung negativer Emotionen und der Verleugnung stressreicher Faktoren.[11]

Trotz all dem ist für die Praktische Theologie die Behandlung des Stressproblems weitgehend Neuland, obwohl sie in dieser Hinsicht eigentlich eine besondere Sensibilität zeigen sollte.[12]

Vor dem Hintergrund einer zunehmenden Belastungs- und Stressproblematik in Kirche und Gesellschaft wäre zu vermuten, dass die Predigtarbeit das Belastungserleben von Pfarrern zusätzlich forciert,

---

[10] Martin Verlohr, *Ausgebrannt: Ein Pfarrer zwischen Scheitern und Neuanfang* (Brockhaus: Wuppertal, Zürich, 1990), 70f.

[11] A.R. Irvine, a.a.O., XIII.

[12] Andreas von Heyl, *Zwischen Burnout und spiritueller Erneuerung: Studien zum Beruf des evangelischen Pfarrers und der evangelischen Pfarrerin* (Lang: Frankfurt a.M., 2003), 14.

was wiederum zur Verschlechterung der Predigtqualität und zu gesundheitlichen Schäden führen könnte.
Dieses Buch sucht nach Antworten auf folgende Fragen:

1. Welche Rolle spielen Stress und Stressbewältigung im Pfarrberuf?
2. Welche Hilfsangebote zur Stressbewältigung stehen Pfarrern seitens der Stressforschung und -beratung zur Verfügung?
3. Wie gehen Pfarrer mit den bei der Predigtarbeit anfallenden Stressoren, Stressreaktionen und Stressverstärkern um?
4. Welche Bedeutung kommt bei der Bewältigung von predigtbedingtem Stress der Spiritualität zu?
5. Welche Wechselbeziehung besteht zwischen Predigtarbeit, Spiritualität und Stressbewältigung?

1.2. Die Krise des Pfarrberufs

Die aus dem Wandel unserer Gesellschaft resultierende Rollenunsicherheit der Geistlichen hat eine tiefgreifende Krise des Pfarrer- und Pastorenberufs heraufbeschworen. Erschwerend kommt hinzu, dass die hohen Belastungsempfindungen bei den Stressberufen gerne als Ausdruck einer Klagementalität interpretiert werden.[13] Eine zunehmende Anzahl von Angehörigen helfender Berufe, zu denen auch der Pfarrerberuf gehört, leidet unter Erschöpfungsdepressionen bis hin zum Burnout, wobei sowohl die berufliche Überforderung als auch besondere private Belastungen eine Rolle spielen. Besonders schwerwiegend ist das Entste-

---

[13] Rudolf Kretschmann (Hg.), *Stressmanagement für Lehrerinnen und Lehrer: Ein Trainingsbuch mit Kopiervorlagen*, 3., neu ausgestattete Aufl. (Beltz: Weinheim, 2008), 12f.

hen der sogenannten *Dehumanisierung*:[14] Die anfänglichen Sympathien für die Gemeindeglieder und Pfarrkollegen werden abgelöst von emotionaler Distanz oder gar Gefühlen der Verachtung.

Der evangelische Pfarrberuf insgesamt befindet sich in einer krisenhaften Situation.[15] Er ist gekennzeichnet von Belastungen, die sowohl in der Öffentlichkeit als auch in der Kirche selbst wahrgenommen werden. Die Darstellung der Belastungserfahrungen ist allerdings zum Teil widersprüchlich. 87 Prozent der Pfarrer sind einer Focus-Umfrage zufolge anscheinend mit ihrem Beruf sehr zufrieden[16] und sie genießen bei den Menschen hohes Vertrauen.[17] Viele Pfarrer leiden aber auch unter Schlafstörungen, Stress und Burnout.[18] In der katholischen Kirche[19] und in anderen Ländern ist es nicht anders. Die Gewerkschaft dänischer Pfarrer z.B. ist besorgt über die zunehmende Zahl von Pfarrern, die ihre Stellung aufgrund von

---

[14] Matthias Burisch, *Das Burnout-Syndrom: Theorie der inneren Erschöpfung*, 2. Aufl. (Springer: Berlin, Heidelberg, 1994), 18f.

[15] Isolde Karle, Was heißt Professionalität im Pfarrberuf? Deutsches Pfarrerblatt (1999) 1, 5.

[16] Focus Online, Berufsleben: Niemand ist glücklicher als Pfarrer, 2007, online im Internet: http://www.focus.de/finanzen/karriere/perspektiven/berufe/pfarrer_aid_53999.html [Stand 2011-11-10], 1.

[17] Focus Online, Umfrage: Pfarrer sind nicht besser als Taxifahrer, 2009, online im Internet: http://www.focus.de/finanzen/karriere/berufsleben/umfrage-pfarrer-sind-nicht-besser-als-taxifahrer_aid_388099.html [Stand 2011-11-10], 1.

[18] Barbara Hardinghaus, Pastoren müde und ausgebrannt, Hamburger Abendblatt, 2003, online im Internet: http://www.abendblatt.de/hamburg/article212809/Pastoren-muede-und-ausgebrannt.html [Stand 2009-11-07], 1.

[19] Marion Krüger-Hundrupp, Katholische Kirche: Pfarrer machen sich zu viel Stress, Bayerischer Rundfunk, 2009, online im Internet: http://www. br-online.de/.../pfarrer-bamberg-2009-kw19-ID1241533564872.xml [Stand 2009-11-06], 1.

stressbedingten Symptomen kündigen. Nach ihren Angaben leidet ein Fünftel der Pfarrer unter übermäßigem Stress. Wenn es zu keinen Veränderungen komme, werde es zunehmend schwieriger, Pfarrer zu halten, und noch schwieriger, neue anzuwerben.[20]

Das Thema Stress findet auch Eingang in die pfarramtlichen Fachzeitschriften. Beispielsweise berichtet in einer Ausgabe des Deutschen Pfarrerblattes aus dem Jahre 2001 ein Pfarrer, wie er als 52jähriger einen Herzinfarkt erlitt. Neben der genetischen Vorbelastung als ersten Risikofaktor sieht er den Stress als wesentlichen Faktor für seine dramatische Erkrankung. Diesen zweiten Faktor wollte er lange nicht akzeptieren.[21]

Der Stress des Pfarrberufs scheint weniger im Übermaß anfallender Aufgaben und Pflichten als im „Gesichtsverlust" zu bestehen. Unter Gesichtsverlust ist in diesem Fall der Verlust des Ansehens, des Charakters und des Unverwechselbaren des Berufs zu verstehen.[22] Der Pfarrer hat in der Gesellschaft keine feste Rolle mehr, was größere Freiheit, aber auch höhere Belastung bedeutet.[23]

Mit der Thematik Stress und Belastung beschäftigten sich im vergangenen Jahrzehnt einige Untersuchungen, die international in verschiedenen Landes- und Freikirchen durchgeführt wurden. Der konservative Zeitschriftenverlag „Evangelicals Now" befragte

---

[20] Katholische Nachrichten, Dänemark: Pfarrer kündigen wegen zu viel Stress, 2007, online im Internet: http://www.kath.net/detail.php?id=17372 [Stand 2011-11-10], 1.

[21] Thomas A.G. Hartmann, Herz, Stress und Professionalität im Pfarrberuf: Eine biblisch-ekklesiologe Kardiopathologie, Deutsches Pfarrerblatt (2001) 7, 352.

[22] J. Halbe, a.a.O., 192.

[23] Fulbert Steffensky (Hg), *Nicolaigasse: Der Pfarrer und das Pfarrhaus in der Literatur* (Radius: Stuttgart, 2004), 14.

2005 etwa 300 Pastoren aus verschiedenen evangelischen Kirchen in Großbritannien, wie sie mit Stress umgehen. Man erkundigte sich nach Schreibblockaden, depressiven Verstimmungen, Ärger, Spannungen in der Familie, sexuellen Problemen und Phasen der Einsamkeit. Die Mehrzahl der befragten Pastoren fühlte sich zumindest manchmal gestresst, und immerhin die Hälfte empfand häufig Stress. Einsamkeit kam nicht sehr oft vor, aber wenn Pastoren doch unter sozialer Isolation litten, dann war es meist ein ernstliches Problem. Der Stress war abhängig von der Größe der Gemeinde und dem Alter des Pastors.[24]

Die Evangelische Kirche in Hessen und Nassau führte in den Jahren 2001 bis 2002 eine „Untersuchung zur Berufszufriedenheit im heutigen Pfarramt" durch. Die Befragung ergab, dass die Pfarrer vor allem unter den Professionseinbrüchen im Pfarrberuf leiden, wenn z.B. ihre Autonomie durch bürokratische Restriktionen beschnitten wird. Sie versuchen diese unbefriedigenden Verhältnisse abzufangen, indem sie ihre Aufmerksamkeit schwerpunktmäßig auf die Kernbestandteile ihres Berufs verlagern.[25] Dabei konzentrieren sie sich auf überschaubare selbstbestimmte Handlungsbereiche und erweitern ihre Kompetenz vor allem in Richtung Seelsorge.[26] Insgesamt wünschen sich Pfarrer eine größere Wertschätzung durch kirchenleitende Personen,[27] konkretere Aufgabenbe-

---

[24] John Benton, EN pastors´ survey, Evangelicals Now, 2005, online im Internet: http://www.e-n.org.uk/p-3054-EN-pastors-survey.htm [Stand 2011-11-10], 1.

[25] Dieter Becker (Hg.), *Berufszufriedenheit im heutigen Pfarrberuf: Ergebnisse und Analysen der ersten Pfarrzufriedenheitsbefragung in Korrelation zu anderen berufssoziologischen Daten* (AIM-Verl.-Haus: Frankfurt a.M., 2005), 73.

[26] Ebd., 74.

[27] Ebd., 101.

schreibungen und mehr gabenorientierte Einsatzmöglichkeiten.[28] Den Pfarrern gilt das Engagement für den Gottesdienst als wichtigstes Tätigkeitsfeld, wobei die Predigt im Zentrum steht.[29]

Die von Heyl in der Evangelisch-Lutherischen Kirche in Bayern initiierte Studie aus dem Jahr 2003 befasst sich mit dem Phänomen *Burnout* im evangelischen Pfarrberuf. Mit Hilfe der Methodik der Burnout-Forschung beschreibt er die spirituelle und theologische Dimension des Kraftverlustes und sieht die Notwendigkeit einer geistlichen Erneuerung in der Pfarrerschaft.[30]

Die Auswertung der Befragung "Pfarrberuf-heute" in der Evangelischen Kirche von Kurhessen-Waldeck 2007 betont die Bedeutung der individuellen Kompetenzen und des persönlichen Einsatzes des Pfarrers.[31] Die Konzentration auf die Person des Pfarrers wird als stark belastend empfunden und löst durch den Widerspruch zwischen Rollenerwartung der Institution und Rollenwunsch der Geistlichen erheblichen Stress aus.[32] Die Pfarrer plädieren für eine Entlastung von Verwaltungstätigkeiten, um mehr Zeit für das „Eigentliche", nämlich für Verkündigung, Seelsorge und Unterricht zu haben.[33]

Eine der jüngsten Untersuchungen wurde 2008 in der Evangelischen Landeskirche Baden durchgeführt. Dabei ging es vor allem um gesundheitsschädigendes Belastungserleben im Pfarrberuf. Durch den Vergleich

---

[28] Ebd., 181.
[29] Ebd., 261.
[30] A. v. Heyl, Zwischen Burnout, 413.
[31] Andreas Rohnke, *Pfarrberufe heute: Typologien pastoraler Berufsgestaltung. Eine empirisch-theologische Studie zur Ausdifferenzierung des Pfarrberufs* (AIM-Verlagshaus: Frankfurt a.M., 2009), 207.
[32] Ebd., 198.
[33] Ebd., 203.

mit anderen Humandienstleistungsberufen (Lehrer, Ärzte, Pflegekräfte und Erzieher) ergab sich das erfreuliche Ergebnis, dass die Beeinträchtigungen nicht in einem dramatischen Maße besorgniserregend sind.[34] Zweifellos kommen aber auch Stress erzeugende und krankmachende Faktoren vor. Sie bedürfen allerdings noch der Differenzierung zwischen objektiver Lage und subjektivem Erleben. Der erstaunlich hohen allgemeinen Berufszufriedenheit steht eine gravierende Unzufriedenheit im Einzelfall gegenüber. Man ist sich auch bewusst, dass in der Badischen Landeskirche erheblich günstigere Rahmen- und Arbeitsbedingungen vorzufinden sind als in anderen Landeskirchen. Trotzdem bedarf es weiterführender Debatten und der Implementierung entlastender Komponenten durch strukturelle Veränderungen. Das Augenmerk muss auf berufsbezogene Begleitung, angemessene Freizeitregelung, freie Tage und eine Kultur der Wertschätzung und Anerkennung gelegt werden. Knapp 20 Prozent der Pfarrer der Evangelischen Landeskirche Baden sind von objektiven stressbedingten Gesundheitsstörungen betroffen und geben damit Anlass, über sinnvolle Hilfestellungen für stark belastete Angehörige des Pfarrberufs nachzudenken.[35]

Über das Thema Stressbewältigung im Pfarrberuf nachzudenken ist also notwendig und lohnenswert, da sich dieser Beruf seit Jahrzehnten in der Krise befindet. Um die Stressproblematik des Pfarrberufs aufzuzeigen und vor allem pragmatische Lösungswege

---

[34] Joachim Bauer et al., Belastungserleben und Gesundheit im Pfarrberuf: Eine Untersuchung in der Evangelischen Landeskirche Baden, Deutsches Pfarrerblatt (2009) 9, 460.

[35] Traugott Schächtele, Kein Grund, bei der Tagesordnung zu bleiben: Anmerkungen und erste Überlegungen zu den Ergebnissen und möglichen Konsequenzen der Pfarrerbefragung aus berufspolitischer Sicht, Deutsches Pfarrerblatt (2009) 9, 467.

anzubieten, muss man aber noch weitgehend auf englischsprachige Arbeiten zurückgreifen. Die deutschsprachige pastoraltheologische Literatur behandelt das Thema „Stress" nicht explizit, weshalb sie nur spärlich praktische und umgehend anwendbare Hilfen zur Stressbewältigung anbieten kann. Daran wird erkennbar, dass die Praktische Theologie nach wie vor ein eher distanziertes Verhältnis zum Umgang mit Stresserleben hat.

2. Stressfaktoren bei der Predigtarbeit

Der Fokus dieses Buches liegt auf der Stressbewältigung bei der Predigtarbeit. Es gibt viele Informationen darüber, welche Möglichkeiten zur Bewältigung von Stress dem Pfarrer wie auch anderen Personen in Helferberufen grundsätzlich zur Verfügung stehen. Unerforscht war jedoch bisher, wie Pfarrer mit Belastungen umgehen, die im Zusammenhang mit der Predigtarbeit auftreten. Ich habe im Rahmen meiner Masterarbeit, die diesem Buch zugrunde liegt, eine wissenschaftliche empirische Untersuchung zu dieser Frage durchgeführt, die ich nachher zusammengefasst darstellen werde. Zunächst sei aber das spezifische Problemfeld des Stresses im Zusammenhang mit der Predigtarbeit beleuchtet.

2.1. Äußere Stressoren

Beim Vorbereiten und Halten von Predigten treten Stressoren im Zusammenhang mit der Zeit, der Abgrenzung gegenüber dem Predigthörer, dem sozialen Netz, den negativen Emotionen und der homiletischen Kompetenz auf. Der Umgang mit der Zeit stellt für den Prediger eine große Herausforderung dar, weil er immer wieder unter enormem Zeitdruck steht, der nicht zuletzt durch die in vielen Kirchen vorherrschende Pastorenzentriertheit entsteht.[36] Obwohl die tägliche Arbeitszeit von Pfarrern im Durchschnitt 9,3 Stunden beträgt,[37] haben viele Pfarrer das belastende Gefühl, die zu erledigende Arbeit nicht mehr schaffen zu können. Die Folge ist ein unkoordiniertes Arbeitsverhalten, mangelnde Übersicht und häufiges Vergessen.

Als hoch problematisch wird von Pfarrern Selbstbehauptung und Abgrenzung erlebt, weil es in ihrem Berufsalltag ständig zu Überschneidungen von Dienstlichem und Privatem kommt.[38] Durch die regelmäßige Predigtpflicht ist der Pfarrer gezwungen, auch unabhängig von seinen inneren Lebens- und Glaubensbedingungen auf die Kanzel zu steigen.

Die Pflege eines sozialen Netzes ist für Pfarrer von großer Bedeutung, weil die Predigtarbeit an sich die Einsamkeit fördert. Oft teilt nur der Ehepartner die Last der Vorbereitung einer Predigt.[39] Lebt der Pfarrer in einer ländlichen Region oder ist er durch einen kürzlichen Stellenwechsel erst zugezogen, wird seine Arbeit an der Predigt noch einsamer.[40] Der Verkündigung durch die Predigt hängt ein isolierendes Moment an, weil sie ihrem Charakter entsprechend mo-

---

[36] Klaus Eickhoff, *Harmlos, kraftlos, ziellos: Die Krise der Predigt - und wie wir sie überwinden* (SCM R. Brockhaus: Witten, 2009), 67f.

[37] Iris Kuttler, *Pfarrer in der Krise: Zusammenhänge zwischen Arbeitsanforderungen im Pfarrberuf und dem Burnout-Syndrom*, Wissenschaftliche Arbeit zur Erlangung des Grades einer Diplom-Psychologin (Universität Konstanz, 2007), 57.

[38] T. Schächtele, a.a.O., 468.

[39] Ernst Lange, *Predigen als Beruf: Aufsätze*. Hg. R. Schloz (Kreuz: Stuttgart, 1976), 32.

[40] A.R. Irvine, a.a.O., 100f.

nologisch ist und sehr leicht autoritär, von oben herab und unkritisierbar wirkt.[41] Fehlt dann noch die Liebe zum Zuhörer, schlägt sich dies in einer langweilenden und wenig hörerfreundlichen Darbietungsform nieder.[42]

Negative Emotionen sind für viele Pfarrer ein Problem, weil sie in hohem Maß auf Anpassung, Freundlichkeit und Kontrolle der Emotionen ausgerichtet leben.[43] Allzu nachgiebige Pfarrer sehen die Rechte anderer als wichtiger an als die eigenen. Es fällt ihnen schwer, sich selbst und andere gleichermaßen zu akzeptieren oder die Autorität der eigenen Persönlichkeit angemessen zum Ausdruck zu bringen,[44] was zu inneren Spannungen und aufgewühlten Emotionen führen kann. In Amerika geraten 40 Prozent der Pastoren mindestens einmal im Monat in einen ernsthaften Konflikt mit einem Gemeindemitglied.[45] Das dürfte bei uns nicht viel anders sein. Um innere Verletzungen zu vermeiden, umgeben sie sich oft lieber mit einem Schutzwall, als dass sie die Bearbeitung von negativen Emotionen direkt angehen.[46] Verdrängte, nicht adäquat verarbeitete negative Befindlichkeiten dringen aber in die Predigtarbeit ein und können die Zuhörer unangenehm berühren oder vor den Kopf stoßen.

---

[41] E. Lange, a.a.O., 12.

[42] Helge Stadelmann, *Evangelikale Predigtlehre: Plädoyer und Anleitung für die Auslegungspredigt* (R. Brockhaus: Wuppertal, 2005), 12.

[43] Michael Klessmann, *Ärger und Aggression in der Kirche* (Vandenhoeck & Ruprecht: Göttingen, 1992), 13.

[44] Ebd., 156.

[45] Michael Wilson, Michael Todd, Brad Hoffmann, *Preventing ministry failure: A sheperd care guide for pastors, ministers and other caregivers* (InterVarsity: Downers Grove, 2007), 31.

[46] A.R. Irvine, a.a.O., 159.

Ein Gemeindepfarrer ist gefordert, auf die Entwicklung seiner homiletischen Fachkompetenz zu achten, um die berechtigten Anforderungen der Predigthörer erfüllen zu können.[47] Kirchgänger legen Wert auf einen klaren Aufbau und lebendigen Vortrag[48] und machen ihren Gottesdienstbesuch von ihren Predigterfahrungen abhängig.[49]

2.2. Individuelle Stressverstärker

Stressverstärker sind übersteigerte normale Bedürfnisse oder Wünsche und können durch einen Prozess der persönlichen Weiterentwicklung entschärft werden. Bei Stressverstärkern handelt es sich um *irrationale Ideen* und unrealistische Annahmen, denen der Mensch Glauben schenkt.[50] Sie entstehen durch die Verinnerlichung von eigenen Wünschen, Zielen und Erwartungen, aber auch durch Internalisierung sozialer Normen. Irrationale Ideen entspringen den grundlegenden menschlichen Bedürfnissen und werden individuell ausgeprägt. Aus dem zumindest zweifelhaften Realitätsgehalt dieser Annahmen entstehen unerfüllbare Wünsche, die sich nur scheinbar auf unverrückbare Wahrheiten gründen und in unreflexiver, autosuggestiver Weise immer wieder reindoktriniert

---

[47] Paul Oskamp, *Gut predigen: Ein Grundkurs* (Gütersloher: Gütersloh, 2001), 13f.

[48] Osmund Schreuder, Die schweigende Mehrheit, in: Albrecht Beutel (Hg.), *Homiletisches Lesebuch: Texte zur heutigen Predigtlehre* (Katzmann: Tübingen, 1986), 258f.

[49] Volker Drehsen, Das öffentliche Schweigen christlicher Rede: Die Grenzen des Gottesdienstes und die theologische Vorbildung des Pfarrers, in: Albrecht Beutel (Hg.), *Homiletisches Lesebuch: Texte zur heutigen Predigtlehre* (Katzmann: Tübingen, 1986), 269f.

[50] Albert Ellis, *Die rational-emotive Therapie: Das innere Selbstgespräch bei seelischen Problemen und seine Veränderung*, 5., stark erw. Neuausgabe (Pfeiffer: München, 1993), 35.

werden.[51] Der Umgang mit Stressverstärkern ist ausschlaggebend dafür, ob bestimmte Situationen oder Anforderungen Stressreaktionen auslösen oder nicht. Stressverstärker können die Predigtarbeit enorm belasten, weil sie fast alle zu einem perfektionistischen Leistungsverhalten beitragen und auf längere Sicht zur Selbstüberforderung führen.[52] Die fünf wichtigsten Stressverstärker sind *Perfektionismus, unangemessene Selbstverleugnung, Einzelkämpfertum, Kontrollsucht* und *Hilflosigkeit.*

Beim **Perfektionismus** steht der Wunsch nach Erfolg und Selbstbestätigung durch hervorragende Leistungen im Vordergrund. Die übermäßige Identifikation mit dem Bild des perfekten, fehlerlosen Predigers kann dazu führen, dass die Freude am Predigen verloren geht, die Predigtarbeit nur noch als Last empfunden wird und letztendlich Burnout entsteht.[53]

Bei der **unangemessenen Selbstverleugnung** schiebt sich die Sehnsucht nach Anerkennung in den Vordergrund, d.h. der Wunsch nach Zugehörigkeit und Angenommensein wird übersteigert. Der Prediger erhofft sich Zustimmung, Bestätigung und Liebe für die eigene Person.[54] Aus diesem Bedürfnis entsteht der vergebliche Versuch, es in der Predigt allen recht zu machen.

Der Stressverstärker **Einzelkämpfertum** zeichnet sich durch ein übertriebenes Verlangen nach Unabhängigkeit aus und wird durch die Pastorenzentriert-

---

[51] Ebd., 53.

[52] Gert Kaluza, *Gelassen und sicher im Stress: Das Stresskompetenz-Buch: Stress erkennen, verstehen, bewältigen.* 3., voll. überarbeitete Aufl. (Springer: Heidelberg, 2007), 66f.

[53] William E. Hulme, *Managing stress in ministry* (Harper & Row: San Francisco, 1985), 45-47.

[54] Manfred Josuttis, *Der Traum des Theologen,* Aspekte einer zeitgenössischen Pastoraltheologie, Bd. 2, (Kaiser: München, 1988), 39.

heit vieler Gemeinden gefördert. Der Pfarrer sieht sich in der Rolle des Solisten und „Alleskönners". Selbst wenn andere das Charisma der Predigt besitzen und besser predigen können als er selber, ist er nicht bereit, Predigtdienste oder andere Aufgaben zu delegieren.[55]

Der Stressverstärker *Kontrollsucht* als Ausdruck des Wunsches nach Sicherheit begünstigt das Fehlverhalten der Mutlosigkeit, weil er den Mut zum kalkulierten Risiko raubt. Die Predigten werden so geschrieben, dass sie weder den Prediger exponieren noch in die aktuellen Geschehnisse in Gemeinde und Gesellschaft eingreifen. Mutlose Predigten bleiben harmlos, sind überflüssig und werden als lästig empfunden.[56]

Der Stressverstärker *Hilflosigkeit* hängt stark mit der Neigung zur Bequemlichkeit zusammen, die eine selbstschädigende Passivität fördert. Trägheit kann begünstigt werden, wenn die Entlohnung nicht an die Leistung gekoppelt ist. Ob ein Pfarrer vor leeren oder vollen Kirchenbänken predigt, wirkt sich nicht direkt auf sein monatliches Einkommen aus. Auf die Bequemlichkeit folgt mangels Aktivität gefühlte Hilflosigkeit und damit die Scheu vor dem Nachdenken und der geistigen Arbeit.[57]

Die Tabelle auf der nächsten Seite zeigt die fünf Stressverstärker und ihre Bedeutung im Überblick.

---

[55] K. Eickhoff, a.a.O., 282.
[56] R. Bohren, a.a.O., 402-404.
[57] Ebd., 405.

Stressver-stärker	Hintergrund	Stressanfälligkeit bei	Überforderung durch
Sei perfekt!	*Leistungsmotiv:* Wunsch nach Erfolg und Selbstbestätigung	Misserfolg, Versagen	perfektionistisches Leistungsstreben in allen Lebensgebieten; besonders problematisch bei Verknüpfung mit Anerkennungsmotiv
Sei beliebt!	*Anerkennungsmotiv:* Wunsch nach Zugehörigkeit, Angenommensein, Liebe	Ablehnung, Kritik, Zurückweisung: bei Konflikten, Meinungsverschiedenheiten	übergroße Hilfsbereitschaft
Sei stark!	*Autonomiemotiv:* Wunsch nach persönlicher Unabhängikeit und Selbstbestimmung	Abhängigkeit von anderen, eigene Hilfsbedürftigkeit und Schwäche	alleiniges Tragen von Schwierigkeiten, Sorgen und Ängsten
Sei vorsichtig!	*Kontrollmotiv:* Wunsch nach Sicherheit und Kontrolle über eigenes Leben	Kontrollverlust, Fehlentscheidungen, Risiken	Streben nach hundertprozentiger Sicherheit und Kontrolle
Ich kann nicht!	Wunsch nach eigenem Wohlbefinden und bequemen Leben	Unangenehme Aufgaben, Anstrengungen, Frustration	alltägliche Anforderungen des Lebens; chronische Stressreaktionen

Tabelle 01: Die fünf Stressverstärker im Überblick

Zu den persönlichen Stressverstärkern bei der Predigtarbeit zählen auch verschiedene destruktive Bewertungen und negative Denkmuster, wie Hadern mit der Predigtsituation, abschlägige Bewertung der Predigtarbeit oder Zweifeln an der Wirksamkeit der Predigten. Das konstruktive Akzeptieren der Realität wird im Predigtdienst vor allem dann existentiell, wenn „das große Schweigen den Schall der Predigt verschluckt"[58], obwohl zuvor in unsäglich mühseligen Stunden – auch nachts - das Beste gegeben wurde[59]. Unter solchen Umständen kann die Last des Predigens unerträglich werden. Die Sprach- und Wirkungslosigkeit einer Predigt bei den Zuhörern ist eine Realität, die für Prediger nur schwer zu akzeptieren ist. Manche Prediger haben zusätzliche Schwierigkeiten, ihre eigene Predigtarbeit konstruktiv zu bewerten. Sie malen sich bei bevorstehenden Anforderungen ihr Scheitern und die katastrophalen Folgen in allen Einzelheiten aus. Wenn sie Sonntag für Sonntag vor leeren Kirchenbänken predigen, fragen sie sich, ob der Aufwand überhaupt lohnt. Pfarrer machen so die verwirrende Erfahrung, dass sie augenscheinlich gerade im Kern ihres Dienstes nichts ausrichten und bewirken. Der Prediger hat deshalb mitunter das Gefühl, als spräche er gegen eine gläserne Wand[60].

Ein Grund für die Selbsteinschätzung mangelnder Wirksamkeit kann auch im Prediger selbst liegen. Im Zustand der Überlastung oder des Ausgebranntseins können dunkle Erinnerungen aus der Vergangenheit ein Gefühl der Unwürdigkeit hervorrufen, wodurch sich der Pfarrer nur unzureichend im Stande sieht zu predigen.[61] Auch Müdigkeit und Resignation können zu der Wahrnehmung führen, dass seine Predigt nur aus leeren und ohnmächtigen Worten besteht.[62] Überdies kann ein Gefühl der Wirkungslosigkeit entstehen, wenn einfach die Freude am Predigen fehlt.[63]

---

[58] Ebd., 28.
[59] Manfred Seitz, *Praxis des Glaubens: Gottesdienst, Seelsorge und Spiritualität* (Vandenhoeck & Ruprecht: Göttingen, 1978), 14.
[60] E. Lange, a.a.O., 18.
[61] M. Verlohr, a.a.O., 148.
[62] R. Bohren, a.a.O., 85f.
[63] Ebd., 17.

2.3. Negative Stressreaktionen

Die bei der Predigtarbeit auftretenden Stressoren können physische und psychische Stressreaktionen hervorrufen. Es handelt sich um negative Reaktionen, die sich in einer unzureichenden Erholungs-, Genuss- und Entspannungsfähigkeit sowie in einem chronischen Bewegungsmangel äußern. Eine gezielte Gestaltung der Erholung ist im Pfarrberuf nötig, um stressbedingte gesundheitliche Schädigungen zu verhindern.

Bezüglich des Umgangs mit negativen Stressreaktionen nimmt das *Genießen* im Alltag des Pfarrers einen besonderen Stellenwert ein, weil im Pfarrberuf Freizeit und Arbeitszeit nur schwer voneinander zu trennen sind. In seinen Predigten betont der Pfarrer die Wichtigkeit des Familienlebens, der Häuslichkeit und der Freude an den kleinen Dingen, steht aber selbst in Gefahr, seine eigene Genussfähigkeit angesichts zu vieler pfarramtlicher Pflichten zu verlieren.[64] Schon Bernhard von Clairvaux weist darauf hin, dass gerade Menschen im geistlichen Amt auf das Genießen im Alltag achten sollen.[65]

Die *Angst vor dem öffentlichen Reden* ist weit verbreitet. Eine Umfrage der Londoner Sunday Times ergab, dass 41 % aller Befragten Angst davor hatten, vor einer Gruppe sprechen. Die meisten Prediger kennen die Angst vor dem Steckenbleiben, vor dem Verlieren des roten Fadens und vor betretenen oder unerwartet erheiterten Reaktionen aus dem Publikum. Sie leiden unter Engegefühl im Hals, Mundtrockenheit, Hand-

---

[64] M. Verlohr, a.a.O., 165.

[65] Bernhard von Clairvaux [Claraevallensis], *Was ein Papst erwägen muß*, übertragen u. eingeleitet v. H. U. v. Balthasar nach der krit. Ausg. v. J. Leclercq und H. M. Rochais (Johannes: Einsiedeln, 1985), 24.

feuchtigkeit und einer erhöhten Pulsfrequenz.[66] Einfach notwendig ist darum die Fähigkeit, körperlich zu entspannen und gedanklich abzuschalten.

Ein besonderes Problem für Prediger ist der *Mangel an körperlicher Bewegung*, weil ein Großteil ihrer Arbeit gewöhnlich im Sitzen stattfindet. Die sitzende Tätigkeit - kombiniert mit den Sorgen und Belastungen durch Gemeinde oder Familie - kann Körper und Geist ruinieren, wenn der Ausgleich fehlt. Dass sich im Laufe der Jahre bei manchen Pfarrern aus der sitzenden Lebensweise sogar ein Hang zur Schwermut entwickelt, hat schon Spurgeon bemerkt.[67] Wenn in einer „Hochsaison" des Kirchenjahres, d.h. in der Konfirmationswoche, in der Passions-, Advents- und Weihnachtszeit tägliche Arbeitszeiten von durchschnittlich bis zu 16,5 Stunden anfallen, lassen sich weder Zeiten der Stille und Meditation noch Zeiten der körperlichen Bewegung unterbringen.[68]

2.4. Spirituelle Stressfaktoren

Neben den bei der Predigtarbeit auftretenden Stressoren, Stressverstärkern und Stressreaktionen spielen die spirituellen Elemente eine bedeutende Rolle. Der Zusammenhang von Stressbewältigung und Spiritualität bezieht sich bei der Predigtarbeit vor allem auf Schriftmeditation, Gebet und geistliche Gemeinschaft als Grundbestandteile des geistlichen Lebens. Die evangelische Frömmigkeit ist Bibelfrömmigkeit,[69] wes-

---

[66] H. Stadelmann, a.a.O., 210.

[67] Charles Haddon Spurgeon, *Ratschläge für Prediger: 21 Vorlesungen* (Oncken: Wuppertal, 1977), 81f.

[68] A. v. Heyl, Zwischen Burnout, 184-186.

[69] Gerhard Ruhbach, *Theologie und Spiritualität: Beiträge zur Gestaltwerdung des christlichen Glaubens* (Vandenhoeck &. Ruprecht: Göttingen, 1987), 126.

halb die Meditation von Bibeltexten im geistlichen Leben einen breiten Raum einnimmt. Der Mangel an biblischer Meditation und Gebet sind ein Symptom für die Erkrankung des geistlichen Lebens im landeskirchlichen Raum.[70] Was die eigene Praxis pietatis betrifft, steht es bei vielen evangelischen Pfarrern nicht zum Besten.[71] Da fast niemand in der Gemeinde die Gedanken, Sorgen und Versuchungen eines Predigers auch nur annähernd versteht, ist es nicht ungewöhnlich, dass Pfarrer in ihrem Beruf vereinsamen.

Teil II
Predigtstress bewältigen

3. Wege des Stressmanagements

3.1. Die drei Säulen der Stress-kompetenz

Besondere Beachtung verdient das Stresskompetenz-Buch von Kaluza.[72] Er synthetisiert die wissenschaftlichen Erkenntnisse der Stressforschung und arbeitet sie didaktisch auf. Die Denkmodelle „Stresstrias"[73] und „drei Säulen der Stresskompetenz"[74] machen den Stress erkenn- und verstehbar und weisen den Weg zur Stressbewältigung. Kaluza unterscheidet drei Aspekte des Stress*geschehens*: *Stressoren*, *Stressreaktionen* und *persönliche Stressverstärker*. Stressoren treten als

---

[70] Ebd., 10; Erich Hertzsch, Exercitia spiritualis in der evangelischen Kirche, Theologische Literaturzeitung (1961) 86, 83.

[71] A. v. Heyl, Zwischen Burnout, 334.

[72] G. Kaluza, a.a.O.

[73] Ebd., 5.

[74] Ebd., 79.

äußere belastende Bedingungen und Anforderungen an eine Person heran. Stressreaktionen sind die körperliche und psychische Antwort auf Belastungen. Persönliche Stressverstärker schließlich stellen stressverschärfende Motive, Einstellungen und Bewertungen dar.[75] Dieser Trias entsprechen die drei Säulen der Stress*bewältigung*: *Instrumentelle, regenerative* und *mentale* Stresskompetenz. Die instrumentelle Kompetenz setzt bei den Stressoren an, indem sie Stress gar nicht erst entstehen lässt bzw. ihm durch die Entwicklung eigener Kompetenz vorbeugt. Bei der regenerativen Stresskompetenz geht es darum, bestehende körperliche Anspannung zu lösen, innere Unruhe und Nervosität zu dämpfen sowie die eigene Widerstandskraft gegenüber Belastungen längerfristig zu erhalten.[76] Die

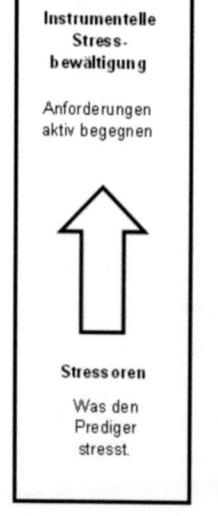

Abbildung 01: Die drei Säulen der Stressbewältigung nach Kaluza

[75] Ebd., 6f.
[76] Ebd., 80.

mentale Stresskompetenz geht auf die persönliche Stressverarbeitung ein. Selbstkritisch werden eigene stresserzeugende oder stressverschärfende Einstellungen, Bewertungen und gedankliche Muster ins Bewusstsein gerückt, um sie allmählich zu verändern und durch förderliche Gedanken und Einstellungen zu ersetzen.[77]

Die von Kaluza vorgenommene Dreiteilung integriert nicht nur die drei Stresstheorien, sondern hilft auch bei der Diagnose des eigenen Stresserlebens. Mit Hilfe von Checklisten kann die gestresste Person die Warnsignale für Stress, persönliche Belastungshierarchien und Stressverstärker identifizieren, um dann die Bewältigung durch die Entwicklung entsprechender Stresskompetenzen einzuleiten.

3.2. „Religiöses Coping"

Die von Pargament stammende Theorie des *religiösen Coping* basiert auf dem transaktionalen Stress-Coping-Modell von Lazarus,[78] berücksichtigt dabei jedoch auch besonders die Einflüsse der Religiosität.[79] Pargament ordnet religiöse Überzeugungen und Deutungsmuster in den Bewertungsprozess innerhalb des transaktionalen Stress-Coping-Modells ein, wobei mögliche Belastungen als religiöse Bedrohung ("Hat Gott mich verlassen?"), Schädigung ("Gott bestraft mich!") oder Herausforderung ("Was muss Gott noch mit mir vorhaben, dass er das jetzt von mir verlangt?") interpretiert werden. Es fließen jedoch auch alle durch Re-

---

[77] Ebd., 79.

[78] Richard S. Lazarus, *Stress and Emotion: A New Synthesis* (Free Association Books: London, 1999).

[79] Constantin Klein, *Gesundheit – Religion – Spiritualität: Konzepte, Befunde und Erklärungsansätze* (Juventa: Weinheim, München 2011), 333.

ligiosität verfügbaren personalen und sozialen Ressourcen als abrufbare Bewältigungspotentiale in die Beurteilung ein, so dass die Belastung entweder gar nicht als stressend empfunden wird oder aber ihre Verarbeitung durch Aktivierung dieser Ressourcen angestrebt werden kann. Dabei können sowohl problembezogene und emotionsbezogene als auch sinnbasierte religiöse Bewältigungsstrategien verfolgt werden.[80]

Es werden drei Stile des religiösen Copings unterschieden:

Delegierender Stil: Die Hilfe wird ausschließlich von Gott erhofft, während der Mensch selbst völlig passiv bleibt. Der delegierende Stil verringert die Angst, ist aber auch mit weniger Selbstbewusstsein und psychosozialer Kompetenz verbunden. Unter nicht oder kaum kontrollierbaren Umständen stellt er eine gute Strategie dar, da hier die Verantwortung an eine höhere Macht abgegeben werden kann.[81]

Kollaborativer Stil: Es wird von einer Unterstützung Gottes für das eigene Tun ausgegangen. Der kollaborative Stil trägt zu einer ausgewogenen Stressbewältigung bei. Er ist mit Selbstbewusstsein assoziiert und geht zudem mit weniger Angst und Depressivität und mit mehr psychosozialer Kompetenz einher als der delegierende Stil.

Selbst-direktiver Stil: Man erwartet keine unmittelbare Hilfe von Gott, sondern erachtet ausschließlich eigene Aktivitäten als relevant. Der selbst-direktive Stil ist zwar ebenfalls mit mehr Selbstbewusstsein verbunden, geht aber angesichts der größeren Eigenverantwortung auch mit größerer Angst einher. Er erweist sich vor allem bei geringerer Belastung als hilfreich,

---

[80] Ebd., 337.
[81] Ebd., 339.

während er in Situationen, in denen kaum noch Möglichkeiten zur Kontrolle gegeben sind, auch maladaptiv sein kann.[82]

Wie Betroffene die verschiedenen religiösen Coping-Stile nutzen, variiert in Abhängigkeit von personalen und sozialen Merkmalen. Im Interesse einer erfolgreichen Bewältigung verwenden sie durchaus auch mehrere Stile parallel.[83] Zudem gibt es Überschneidungen zwischen nicht-religiösem oder religiösem Coping, weil die meisten dieser Menschen nicht exklusiv säkulares oder religiöses Coping nutzen, sondern beide Formen.[84]

Aus der Zusammenschau und Evaluation der bisherigen Forschung zeigt sich, dass ein signifikanter Zusammenhang zwischen positivem religiösem Coping und einer besseren, gelingenden Stressbewältigung besteht.[85] Das religiöse Coping ist als Ergänzung zu den psychologischen Stresstheorien notwendig, um religiösen Menschen eine Optimierung ihres Stressmanagements zu ermöglichen. Da die Religiosität zum Beruf und Leben des Pfarrers gehört, werden er und seine Predigtarbeit vom positiven religiösen Coping profitieren. Allerdings ist zu bedenken, dass in der Religiosität auch das Potential zum negativen religiösen Coping steckt, das den Stress des Pfarrers steigern kann.

3.3. Metafaktor Ausgewogenheit

Interessant für die Stressbewältigung bei der Predigtarbeit ist der Hinweis auf das Prinzip der *Ausgewogen-*

---

[82] Ebd., 339.
[83] Ebd., 340.
[84] Ebd., 349f.
[85] Ebd., 343.

heit des Stressmanagements, das die einzelnen Elemente in Balance hält. Um Stress frei, flexibel und erfolgreich zu bewältigen, bedarf es eines möglichst breitgefächerten Repertoires an Stressmanagementkompetenzen. Es gilt, durch *Weisheit* ein ausgewogenes Gleichgewicht zwischen den drei Säulen der Stresskompetenzen zu erreichen und Einseitigkeiten zu vermeiden.[86] Das schließt auch religiöse und spirituelle Gesichtspunkte mit ein, die Kaluza allerdings nur beiläufig erwähnt, indem er das „Gelassenheitsgebet" des deutsch-amerikanischen Theologen und Philosophen Reinhold Niebuhr zitiert:[87] „Gott gebe mir die Gelassenheit, die Dinge hinzunehmen, die ich nicht ändern kann, den Mut, die Dinge zu ändern, die ich ändern kann, und die Weisheit, das eine vom anderen zu unterscheiden".[88] Damit deutet er an, dass die psychologische Stressbewältigung einer Ergänzung bedarf, die über sie hinausweist.

Leider steht den Pfarrern nur wenig deutschsprachige Stressmanagementliteratur zur Verfügung, die auch die Spiritualität einbezieht. Einige Ratgeber werfen die Aspekte der Spiritualität nur schlaglichtartig ein, andere entwickeln eine konzeptionelle Zusammenführung von Stressbewältigung und Spiritualität. Spezifische Stressratgeber für den Pfarrberuf, die zudem wissenschaftlich fundiert sind, gibt es in deutscher Sprache bedauerlicherweise nicht. Die allgemeine christliche Stressberatungsliteratur wird aber auch von den Pfarrern gelesen. Sie soll deshalb hier kurz erwähnt werden. Smollin (2002) verarbeitet die gängigsten Prinzipien der Stressbewältigung und streut Bi-

---

[86] Ebd., 83.
[87] Ebd., 82.
[88] Reinhold Niebuhr, Robert McAfee Brown, *The essential: Selected essays and addresses* (Yale University Press: New Haven, 1986), 251.

belzitate ein.[89] Küstenmacher (2004) setzt in seinem Buch „Simplify your life", das bereits in 15 Auflagen erschienen ist, auf die Vereinfachung der Kompliziertheit des Lebens, wobei er sich bezüglich der Spiritualität von C.G. Jung inspirieren lässt.[90] Willberg (2006) verwendet das Diathese-Stress-Modell aus der klinischen Psychologie und plädiert für die Korrektur des inneren Gottesbildes.[91] Der Mediziner Sehnert (1983) betrachtet die Stressbewältigung aus der Perspektive der Ganzheitsmedizin, wobei das Stillen der geistlichen Bedürfnisse durch Meditation und Gebet eine besondere Rolle spielen.[92] Knoblauchs Bestseller „Berufsstress ade!" enthält Strategien der Stressbewältigung, die er mit den Prinzipien der Bibel verbindet.[93] Das Stressmanagementbuch von Kentzler und Richter[94] und das Arbeitsbuch von Wagner-Link[95] seien schließlich noch erwähnt, weil auch sie sich für die individuelle Stressbewältigung im Pfarramt eignen. Sie können sowohl zur Selbsthilfe als auch für die Beratung gewinnbringend eingesetzt werden.

---

[89] Anne Bryan Smollin, *Stress - was nun?: Zwölf Wege, die helfen* (Johannis: Lahr, 2002).

[90] Werner Küstenmacher, *Simplify your life: Einfacher und glücklicher Leben. Die sieben Wege zu einem Leben ohne Ballast*, 11. Aufl., komplett überarb. u. aktualisierte Ausg. (Campus: Frankfurt a.M., New York, 2004).

[91] Hans-Arved Willberg, *Mach das Beste aus dem Stress: Wie Sie Ihr Leben ins Gleichgewicht bringen* (R. Brockhaus: Wuppertal, 2006).

[92] Keith Sehnert, *Schach dem Stress: Wege zur Stressbewältigung* (Bundesverlag: Witten, 1983).

[93] Jörg Knoblauch, *Berufsstress ade! 33 erprobte Strategien für den beruflichen Alltag*, 8. Aufl. (Brockhaus, Tempus: Wuppertal, Giengen, 2000).

[94] Christine Kentzler, Juli Richter, *Stressmanagement: Das Kienbaum-Trainingsprogramm* (Haufe: Freiburg, Berlin, München, 2010).

[95] Angelika Wagner-Link, *Verhaltenstraining zur Stressbewältigung: Arbeitsbuch für Therapeuten und Trainer*, 6., vollständig neubearb. Neuausg. (Klett-Cotta: Stuttgart, 2010).

4. Spirituelle Stressbewältigung

4.1. Die spirituelle Perspektive

Bei der Durchsicht der Literatur zur Stressbewältigung tritt an mehreren Stellen die spirituelle Dimension ins Blickfeld. Da diese schon allgemein beim Umgang mit psychischen Belastungen eine bedeutende Rolle spielt, verdient sie bei der Ergründung des Stresserlebens von Pfarrern zusätzliche Beachtung. In die Entwicklung eines berufsspezifischen Stressmanagements für Pfarrer fließen die Ergebnisse der Stressforschung und der Forschungen auf dem Gebiet der Religionspsychologie und der Pastoraltheologie ein. Augenfällig ist dabei die gemeinsame Anwendung von psychologischen und spirituellen Elementen. Es wird im folgenden Abschnitt der Frage nachgegangen, welchen Stellenwert die persönliche Spiritualität im Leben des Pfarrers einnimmt und in welchem Verhältnis psychologische und spirituelle Aspekte zueinander stehen.

In der pastoraltheologischen Literatur taucht der Begriff „Spiritualität" häufig auf, wird aber mit verschiedenen Inhalten gefüllt. Einmal wird Spiritualität als ein Weg zur menschlichen Reife gesehen. Nach dieser Auffassung muss ein Mensch, um zu reifen, zuerst sich selbst erkennen, bevor er zur Erkenntnis Gottes gelangt. Biblische Vorgaben, mönchische Traditionen und psychologische Hinweise fließen bei diesem Ansatz ineinander.[96] Die Spiritualität kann aber auch als Gestaltwerdung des christlichen Glaubens aufgefasst werden.[97] Diese als evangelisch bzw. pro-

---

[96] Anselm Grün, *Spiritualität: Ein ganzer Mensch sein*, überarb. u. erw. Ausg. (Herder: Freiburg, Basel, Wien, 2011), 11.

[97] G. Ruhbach, a.a.O., 123.

testantisch bezeichnete Spiritualität weist folgende Kriterien auf: Sie pflegt den Umgang mit dem Wort Gottes,[98] sie freut sich an der Gemeinschaft der Glaubenden[99] und übt sich im Gebet.[100]

Die vorliegende Untersuchung nimmt zumeist Bezug auf die evangelische Prägung der Spiritualität, wobei sie sich an das Konzept des „geistlichen Lebens" lehnt, das Seitz vom hebräischen Verständnis des Geistes Gottes ableitet. Demnach ist der Geist Gottes nicht unfassbar, sondern durchaus anschaulich und leiblich, sobald Menschen ihr Leben von ihm bestimmen lassen.[101] Das vom Geist Gottes bestimmte Leben erlangt seine charakteristische Ausprägung durch drei Aspekte: *Die lebensbezogene Bibellese* und *das persönliche Gebet* sowie durch *die Gemeinschaft mit Gleichgläubigen*.[102] Geistliches Leben heißt jedoch nicht, dass allein Gottes Geist das Leben eines Christen gestaltet; auch der Gläubige ist angehalten, bewusst und aktiv mitzuwirken. Geistliches Leben entsteht also, wenn Gott und Mensch zusammenwirken. Wie dieses Zusammenwirken geschieht, bleibt letztendlich ein Geheimnis.[103] Auch wenn sich die Wirkungsweise der Spiritualität wissenschaftlich nicht erschließen lässt, können doch ihre psychologischen Funktionen beschrieben und erforscht werden.[104] Die Ergebnisse dieser Forschung können für die Stressbewältigung anwendbar gemacht werden.

---

[98] Ebd., 126.

[99] Ebd., 128.

[100] Ebd., 184-186.

[101] Manfred Seitz, *Erneuerung der Gemeinde: Gemeindeaufbau und Spiritualität* (Vandenhoeck und Ruprecht: Göttingen, 1985), 71.

[102] Ebd., 72.

[103] Ebd., 73.

[104] Christian Henning (Hg.), *Einführung in die Religionspsychologie* (Schöningh: Paderborn, München, Wien, Zürich, 2003), 148.

Die persönliche Spiritualität führt im Leben vieler Pfarrer ein Schattendasein, was am Umgang mit der Frömmigkeit in der mittleren und neuen Kirchengeschichte liegen könnte. Seit der Reformation erlebt die "theologica ascetica" einen langen Weg des Niedergangs, der differenziert zu sehen ist. Während in der katholischen Kirche Reflexion und Einübung von Spiritualität noch von der Kirchenlehre gestützte gängige Praxis ist, hat sich in der evangelischen wissenschaftlichen Theologie vor allem im deutschen Sprachraum ein Wertewandel vollzogen. Die Frömmigkeit des Pfarrers war lange Zeit kein Gegenstand der theologischen Forschung und Lehre, sondern erhielt den Status der Trivialität. Aus diesem „Platzverweis der Spiritualität" folgte die Privatisierung der Praxis pietatis.[105] Hinzu kam, dass Studenten durch das Studium der wissenschaftlichen Theologie in beträchtliche Glaubenskrisen gerieten. Die Spannung zwischen persönlicher Spiritualität und historisch-kritischer Methode der Bibelexegese wirkte glaubensstörend oder gar glaubenszerstörend. Viele Studenten waren mit dem Abschlussexamen „kleine Professoren der Theologie" geworden, die mit mancherlei Abneigung in die „Niederungen des Gemeindealltags herabsteigen" mussten. Dies führte dazu, dass die Frömmigkeit bei Theologen weithin als unangemessene Verhaltensweise empfunden wurde, die man allenfalls der Gemeinde zugestehen kann.[106]

Die Privatisierung und Trivialisierung der Frömmigkeit wirkt sich bis in die Gegenwart aus, indem sie beim einzelnen Pfarrer zur Vernachlässigung des in-

---

[105] Dieter Voll, Das evangelische Pfarrhaus und die Praxis geistlichen Lebens, in: Richard Riess (Hg.), *Das Haus in der Zeit: Das evangelische Pfarrhaus heute* (Kaiser: München, 1979), 252.

[106] G. Rubach, a.a.O., 17.

neren Lebens führt. Versäumnisse bei der Pflege der Innenwelt eines Menschen bleiben zunächst unbemerkt,[107] weil die Anforderungen der äußeren, öffentlichen Welt im Vordergrund stehen und sich meist irgendwie regeln lassen. Das Missmanagement des Äußeren wird zudem von der Umwelt schneller wahrgenommen und bewertet.[108] Hingegen ist die *innere* Welt als Zentrum tiefgehender Bewertungen und Entscheidungen ein Ort des Alleinseins, der Reflexion und der Ruhe. Weil ihr Missmanagement meist auch von der Außenwelt über längere Zeit unbemerkt bleibt, kann es leichter ignoriert werden.[109] Durch die Vernachlässigung des geistlichen Lebens wird das eigene Glaubensfundament nicht mehr gestärkt. Die geistliche Vergewisserung im Alltag sowie die Fähigkeit, strukturell zu denken und entsprechend zu handeln, nehmen ab.[110] Damit sinken Motivation und Kreativität, wobei allmählich die Alltagsgestaltung des Pfarrberufs zur bloßen Pflichterfüllung degeneriert. Temporäre Herausforderungen oder Schwierigkeiten werden als lästige Probleme empfunden, denen der gestresste Pfarrer so weit wie möglich aus dem Weg zu gehen versucht.[111] Die Folge kann eine tief gehende und immer stärker werdende Verunsicherung in seinem Leben sein. Antriebslosigkeit, rasche Enttäuschbarkeit und Reizbarkeit, immer neue Erfahrungen des Scheiterns und der Vergeblichkeit können sich einstellen.

---

[107] Gordon MacDonald, *Ordering your private world* (Oliver Nelson: Nashville, 1985), 15.

[108] Ebd., 14.

[109] Ebd., 15.

[110] Christoph Victor, *Pfarrer sein in wechselnden Gesellschaften: Eine qualitative Untersuchung zu Identität und Alltag im Pfarrberuf,* DTh Augustana Hochschule, Neuendettelsau (Evangelische Verlagsanstalt: Leipzig, 2005), 268.

[111] Ebd., 269.

Konsequenterweise ergeben sich daraus Frustration und Resignation, Klage und Anklage, Selbstmitleid und übertriebene Anpassung.[112] Um diesen Abwärtstrend des inneren Zustandes zu stoppen und um sich innerlich wieder auszurichten, bedarf es der Festigung des theologischen Fundamentes und der Pflege der Seele durch Spiritualität.

Für Rubach ist die Spiritualität im Leben eines Pfarrers nicht eine nur triviale oder rein private Angelegenheit, sondern von essentieller Wichtigkeit für seinen Dienst am Wort. Die Frömmigkeit bildet nicht nur einen marginalen Bestandteil der theologischen Existenz, sondern stellt geradezu deren notwendigen Wesenszug dar.[113]

In diesem Zusammenhang wird das „pietistische Frömmigkeitsprogramm" wieder aktuell. Den Prinzipien der pietistischen Pastoraltheologie folgend geht der Pfarrberuf weit über die Ausübung der kirchlich-institutionalisierten Berufsrollen des Liturgen, Predigers und Lehrers hinaus. Die pietistische Erneuerungsbewegung findet ihre historische "Fortsetzung" in den Traditionen des angelsächsischen "Revival" sowie in der freikirchlichen Frömmigkeit[114], berührt aber auch den landeskirchlichen Bereich. Im Pfarrberuf kommt die Symbiose von Beruf und Person auf exemplarische Weise zur Geltung, weil "Lebensform" und "Berufsform" miteinander verschmelzen. Die individuell ausgeformte Frömmigkeitsgestalt und die von persönlichen Kompetenzen und Kommunikationsstilen geprägte Arbeitspraxis finden zu einer in sich geschlossenen Sinnwelt zusammen. Auf diese Weise avanciert der evangelische Pfarrer in der Neu-

---

[112] G. Rubach, a.a.O., 19.
[113] Ebd., 27.
[114] Ebd., 237f.

zeit zum symbolischen Repräsentanten einer alltags-
praktischen Religion, die in der persönlichen Lebens-
führung und in der sozialen Berufsarbeit verwirklicht
wird.[115] Er spricht damit das Bedürfnis des säkularen
Menschen nach einem veränderten Lebensstil an. Die
spirituell geprägte Alltagsgestaltung des Pfarrers bietet seinen Zeitgenossen Orientierungshilfen, um der
Atemlosigkeit der Welt zu entfliehen und einen Ort
der Mitte zu finden.[116] Der Pfarrer kann hierbei aus
dem beträchtlichen Reichtum spiritueller Erfahrungen, Methoden und Impulse kirchlicher Traditionen
schöpfen.[117]

Die Rolle des Pfarrers als exemplarischer Reprä-
sentant trägt erheblich dazu bei, dass die Allgemein-
heit mit Vorliebe ihre Wünsche und Ideale auf den
Pfarrer projiziert.[118] Durch diese Erwartungen eines
umfassend gelingenden Lebens kann es jedoch leicht
zur Überforderung des Pfarrers kommen.[119] Vor dem
Hintergrund überhöhter Erwartungen gewinnt das
geistliche Leben des Pfarrers darum eine existentielle
Bedeutung.[120] Der Verzicht auf Spiritualität ist gleich-
bedeutend mit einem Verzicht auf Entlastung und
Stärkung und potenziert die Gefahr der Überlastung.
Statt die im persönlichen Gottvertrauen verankerte
Freiheit zur aktiven, verantwortungsbewussten Le-

---

[115] Wolfgang Steck, *Praktische Theologie: Horizonte der Religion, Konturen des neuzeitlichen Christentums*, Strukturen der religiösen Lebenswelt, Bd. 2 (Kohlhammer: Stuttgart, Berlin, Köln, 2011), 580.

[116] Richard Riess, *Auf der Suche nach dem eigenen Ort: Mensch zwischen Mythos und Vision* (Stuttgart: Kohlhammer: Stuttgart, 2006),
236.

[117] Ebd., 237.

[118] Ernst Kirchhoff, Die Person des Geistlichen: Der Pastor als geistlicher Mensch, in: Wilfried Haubeck (Hg.), *Geistlich leben: Spiritualität in Gemeinde und Alltag* (Bundesverlag: Witten, 2007), 7.

[119] Ebd.

[120] Ebd., 8.

bensgestaltung zu nutzen, unterwirft sich der Pfarrer quasi „kompromisslos" dem Joch aus theologischen, gemeindlichen und säkularen Zwängen.[121] Spiritualität ist aber eine unverzichtbare Dimension christlicher Existenz, denn es geht um die vom Menschen zu bejahende lebenserfüllende Koexistenz mit dem trinitarischen Gott. Im Zentrum steht dabei nicht die egozentrische Selbstfindung und Selbstverwirklichung des Menschen, sondern die Anwesenheit Gottes, der sich zu Gehör bringen will.[122]

Grundbestandteile dieser Spiritualität sind in erster Linie *Meditation* und *Gebet*. Die Aufgabe christlicher Meditation liegt darin, dass die Prioritäten des Lebens richtig gesetzt werden. Meditation ist ein Sammelbegriff für die Summe von Lebensvollzügen, die aus dem Beschenktwerden herkommen und Gott dafür Raum lassen.[123] Ausgang, Mitte und Ziel christlicher Meditation ist die Bibel. Eng verbunden mit der Meditation biblischer Texte ist das Gebet.[124] Jedes Gebet kann als ein Stück Meditation betrachtet werden und jede Meditation erleichtert und vertieft das Gebet. Beten ist zum einen das Gespräch mit Gott und zum andern auch die ganzheitliche Ausrichtung des gesamten Lebens auf Gott. In der „oratio continua" als „Beten ohne Unterlass" (1.Thess. 5,17) geht es nicht nur darum, sich selbst zu Wort zu bringen und sich reden zu hören, sondern vielmehr darum, vor Gott still zu werden, still zu sein und zu warten, bis er sich selbst zu Gehör bringt.[125]

---

[121] G. Rubach, a.a.O., 137.
[122] Ebd.
[123] Ebd., 138.
[124] Ebd., 166.
[125] Ebd., 182.

Im Gebet als Grundbestandteil der Spiritualität kommt auch die *Berufung* zum Ausdruck. Gott beruft zur Gemeinschaft mit sich.[126] Die Berufung ist also nicht nur ein Auftrag, bestimmte Dinge für Gott zu erledigen, sondern die Einladung in die Gemeinschaft mit ihm.[127] Eng verbunden mit der Berufung ist die *Sendung*. Aber sie ist der Berufung nachgeordnet und zielt auf die Menschwerdung des Menschen.[128]

Geistlich leben heißt: Mensch werden und bleiben. Die Menschwerdung des Pfarrers für den pfarramtlichen Dienst stellt seine Spiritualität in ein neues, befreiendes Licht. Durch das geistliche Leben, das ihn in die Gemeinschaft mit Gott versetzt, verändert sich seine Lebenspraxis und seine Perspektive. Die Welt wird nicht verändert, indem großartige Menschen großartige Dinge tun, sondern weil Menschen sich heilen und verändern lassen.[129] Insofern ist die persönliche Spiritualität für das menschliche Ergehen des Einzelnen wie auch für die zukünftige Entwicklung der Kirche von eminenter Bedeutung.

Damit die Spiritualität im Alltags- und Berufsleben Gestalt annimmt und ihre stressreduzierende Wirkung entfalten kann, empfiehlt sich die Beachtung gewisser Gesetzmäßigkeiten. Seitz z.B. fasst sie in fünf Grundregeln zusammen:[130]

---

[126] E. Kirchhoff, a.a.O., 20.

[127] Magnus Malm, *Gott braucht keine Helden: Mitarbeiter zwischen Rolle und Wahrhaftigkeit* (Wuppertal: R. Brockhaus: Wuppertal, 2007), 51.

[128] Rolf Zerfaß, *Menschliche Seelsorge: Für eine Spiritualität von Priestern und Laien im Gemeindedienst,* 5. Aufl. (Herder: Freiburg i.B., 1991), 34.

[129] E. Kirchhoff, a.a.O., 23.

[130] M. Seitz, Erneuerung, 80-82.

- Geistliches Leben verlangt bewusste Akte des Anfangs.
- Es wird nicht vom Bedürfnis, sondern von der Regel getragen.
- Geistliches Leben ist eine Widerstandsbewegung.
- Geistliches Leben ist den Gesetzen des Wachstums unterworfen.
- Es darf arm sein und ist verborgen mit Christus in Gott.

4.2. Spiritualität, Stressbewältigung und Wohlbefinden

Das Interesse an Spiritualität hat in den letzten Jahren stark zugenommen, wobei die meisten Impulse aus der Gesundheitsforschung stammen.[131] Auch in der Literatur zum Stressmanagement wird vermehrt auf die Notwendigkeit der *Spiritualität* aufmerksam gemacht – wenn auch nur am Rande.[132] Im Gegenzug hat *Religiosität* auffällig weniger Beachtung gefunden. Seit Mitte der 1990er Jahre ist speziell die Anzahl der forschungsrelevanten Neuerscheinungen über Spiritualität um das Zwei- bis Dreifache gestiegen, während die Publikationen zu den Themen Religion und Religiosität stagnierten. Grund dafür könnte der Bedeutungsverlust religiöser Institutionen sein. Durch die Verlagerung des Religiösen ins Private und Individuelle ist der Begriff „Spiritualität" besser geeignet.[133] Diese Deutung lässt sich durch die Differenzierung

---

[131] Michael Utsch, Constantin Klein, Religion, Religiosität, Spiritualität: Bestimmungsversuch für komplexe Begriffe, in: Constantin Klein (Hg.), Hendrik Berth, Friedrich Balck, *Gesundheit - Religion - Spiritualität: Konzepte, Befunde und Erklärungsansätze* (Juventa: Weinheim, München, 2011) 25-45.

[132] G. Kaluza, a.a.O., 82.

[133] C. Klein, a.a.O., 12.

zwischen individueller Spiritualität und kollektiver, institutionalisierter Religion stützen.[134]

Das vermehrte Interesse an Spiritualität, aber auch an verwandten Konzepten wie Glaube und Religiosität, wurde durch Erkenntnisse der neueren Forschung ausgelöst. Sie bestätigt den Zusammenhang zwischen Stressbewältigung, Wohlbefinden und Gesundheit einerseits und der Spiritualität andererseits. Die Neurobiologie geht davon aus, dass jegliche durch stresslindernde Strategien erreichte Verhaltensänderung eine Analogie - oder gar ihren Ursprung - in physiologischen Veränderungen hat.[135] Daher hat sich der Einsatz von Entspannungsmethoden und spirituellen Techniken als Teil einer therapeutischen Stressreduktion als besonders effektiv erwiesen.[136] Diese relativ leicht erlernbaren Techniken können maßgeblich zur Minderung von Stress- und Sympathikusreaktivität beitragen,[137] u.a. indem sie die Freisetzung von körpereigenen Opioiden (endogenes Morphium) und dem Fürsorgehormon Oxytocin fördern.[138] In der Folge kommt es zur Verlangsamung des Stoffwechsels und des Pulses sowie zur Senkung des arteriellen Blutdrucks und der Atemfrequenz.[139] Diese eindrücklichen Wirkungen sind mit ursächlich, dass Entspannungs- und Meditationstechniken zu wichtigen Säu-

---

[134] Ebd., 37.

[135] Peter Heusser, Neurobiologische Aspekte von Glaube und Spiritualität: Gesundheit, Stress und Belohnung, in: Arndt Büssing, Niko Kohls, (Hg): *Spiritualität transdisziplinär: Wissenschaftliche Grundlagen im Zusammenhang mit Gesundheit und Krankheit* (Springer: Berlin, Heidelberg, 2011), 13-36.

[136] Ebd., 27.

[137] Ebd., 28.

[138] Ebd., 29.

[139] Ebd., 33.

len im professionellen Stressmanagement geworden sind.[140]

Weil sich in der Regel die vertrauensvolle Beziehung zu einer anerkannt höheren Instanz stark stressreduzierend und gesundheitsförderlich auswirkt, kann das Fehlen solcher spirituellen "Kraftquellen" oder religiösen Bezugspunkte etwas überspitzt auch als „medizinischer Risikofaktor" aufgefasst werden. Die positiven Resultate bezüglich der Anwendung der Spiritualität haben in der jüngeren Forschung dazu geführt, dass die "komplementäre Medizin" (Naturheilkunde) heute zunehmend im akademischen Kontext genannt wird und sich verstärkt als "Integrative Medizin" oder "Mind/Body Medicine" in die universitäre Medizin einbringt. Die Spiritualität und ihre neurobiologischen Entsprechungen stehen im Zentrum derzeitiger Forschungen und versprechen besonders spannende Entwicklungen.[141]

Eine Form der spirituellen Praxis, in der sich Glauben, Stressbewältigung, Wohlbefinden und Gesundheit sowie die Predigtarbeit berühren, ist die *Meditation*. Bei dieser kontemplativ-geistlichen Praxis geht es um die Regulation der Aufmerksamkeit. Die Psychologen unterscheiden zwei Methoden der Meditation: Erstens die Konzentration der Aufmerksamkeit auf einen gedanklichen Punkt, z.B. auf Worte oder Bilder.[142] Und zweitens die „offene Beobachtung", z.B. des eigenen Atems, ohne sich dabei mental auf einen Punkt zu konzentrieren.[143] In der christlichen Tradition stellt

---

[140] Ebd., 35.

[141] Ebd., 30.

[142] Carrie Doering, Meditation: Meditation as a Spiritually-integrative Practice for Coping with Stress, in: Isabelle Noth (Hg.): *Pastoralpsychologie und Religionspsychologie im Dialog - Pastoral Psychology and Psychology of Religion in Dialogue* (Kohlhammer: Stuttgart, 2011), 94.

[143] Ebd., 95.

die Meditation einen der wichtigsten Modi des Betens dar, weil die existenzielle Vertiefung durch Betrachtung oder innerliches Gebet zu Schrift- und Glaubenswahrheiten führt. Durch diese Form der Meditation erreicht ein Christ bewusst die Wirklichkeit Gottes, um auf ihr den Alltag zu gründen. Während in der jüdischen Tradition das Gesetz leise und gemurmelt meditiert wurde, legten die Gläubigen des frühen Christentums Wert auf das ständige Hinhören und liebende Aufmerken auf Gottes Selbstmitteilung. In Mittelalter und Neuzeit fanden verstärkt psychologische Aspekte Berücksichtigung und heute zeigt sich eine Tendenz, östliche Techniken einzubeziehen. Dabei gelangt der Meditierende zur inneren Sammlung, indem er sich beharrlich in die Beziehung zum Kern der eigenen Person einlässt.[144] Durch den geschichtlichen Wandel des Meditationsbegriffes und durch seine Bereicherung aus anderen Kulturkreisen ergeben sich zwei Schwerpunkte: Zum einen die Begegnung mit dem übernatürlich Erhabenen (z.B. „Heiligen"), welches der Mensch außerhalb seiner selbst wähnt, und zum anderen die Begegnung mit sich selbst.

4.3. Achtsamkeitsmeditation

Für die Stressbewältigung vor christlichem Hintergrund ist die *Achtsamkeitsmeditation* bedeutsam. Bei dieser Mediation geht es um eine Schulung des inneren Bewusstseins. Im Zusammenhang mit religiösem Coping nehmen Menschen ihre religiösen und existentiellen Überzeugungen und Werte wahr, deren Bildung bereits in der Kindheit beginnt. Durch die subjektive und unreflektierte Übernahme dieser Glau-

---

[144] Christian Schütz (Hg.), *Praktisches Lexikon der Spiritualität* (Herder: Freiburg i.B., Basel, Wien, 1992), 849-850.

benssätze setzen sich oftmals lebenseinschränkende, traditionelle Moraltheologien des Leidens fest, die im späteren Leben theologisch re-evaluiert werden müssen. Früher geformte Einstellungen werden umgestaltet und durch lebensbejahende Überzeugungen ersetzt, um in spirituell integrierter Weise Stress abzubauen.[145] Aus der Notwendigkeit der Achtsamkeit resultiert im Zusammenhang mit der Stressbewältigung eine potentielle Ambivalenz der Religiosität.[146] Sie kann mit dem Rückzug in privatistische Innerlichkeit verbunden sein, kann aber auch politisches Engagement bedeuten. Sie kann sowohl mit sozialer Sensibilität als auch mit egoistischer Ausbeutung einhergehen. Sie kann Züge extremer Gewissensängstlichkeit aufweisen, sie kann sich aber auch durch rationales Abwägen auszeichnen.[147] Die Ambivalenz der Religiosität bedingt im Zusammenhang mit Stress und Gesundheit sowohl negative als auch positive Auswirkungen.

Der Komplex Religion, Spiritualität und Glaube wirkt sich gemäß einer Mehrzahl von Studien aber insgesamt mehr positiv als negativ auf die Gesundheit aus, wobei die Autoren allerdings eine differenzierte Betrachtungsweise nahelegen.[148] Religiöser Glaube geht mit höherer Lebenszufriedenheit, größerem Wohlbefinden und einer ausgeprägteren moralischen Überzeugung einher. Häufig sind auch Indikatoren für psychische Gesundheit wie Hoffnung, Optimismus und Lebenssinn vorhanden. Religiöse Personen

---

[145] C. Doering, a.a.O., 93.

[146] Michael Klessmann, Religion und Gesundheit, in: Isabelle Noth (Hg.), *Pastoralpsychologie und Religionspsychologie im Dialog - Pastoral Psychology and Psychology of Religion in Dialogue* (Kohlhammer: Stuttgart, 2011), 34.

[147] Ebd., 35.

[148] C. Henning, a.a.O., 147.

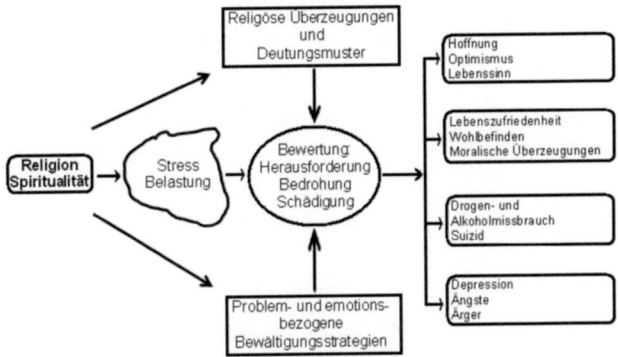

Abbildung 02: Auswirkungen von Religion und Spiritualität

weisen im Vergleich eine geringere Anzahl und Intensität von depressiven Symptomen, Ängsten, Drogen- und Alkoholmissbrauch auf.[149] Bei kontrollierten klinischen Therapiestudien zeigt sich, dass insbesondere religiöse Patienten von religiösen Interventionen profitieren. Die positive Auswirkung auf die psychische Gesundheit lässt sich aus der Erfüllung bestimmter psychologischer Funktionen erklären. Religiöse und spirituell veranlagte Menschen profitieren von der sozialen Unterstützung und der kognitiven Orientierung.[150] Das Bewusstsein vom göttlichen Handeln reduziert das Gefühl des Ausgeliefertseins und der Glaube bestärkt positive Emotionen.[151] Zudem eröffnen Glaubensüberzeugungen Wege zu alternativen Werten, d.h. gesundheitsschädigende oder leidverneinende Bewertungsschemata werden relativiert.[152]

Jeder positive Effekt der Religiosität weist einen negativen Gegenpol auf, der sich schädlich auf Stress-

---

[149] Ebd.
[150] Ebd., 148.
[151] Ebd., 150.
[152] Ebd., 151.

verhalten und Gesundheit auswirken kann.[153] Religiöse Gemeinschaft kann sowohl Schutz und Geborgenheit als auch Druck und Ausgrenzung bedeuten. Glaubenssätze können als kognitive Rigidität und ein höheres Wesen kann als bedrohliche Allmacht aufgefasst werden. Eine restriktive Religiosität lässt keine Alternative und zeitgemäße Denkansätze zu und erzeugt negative Emotionen.[154]

Inwieweit der religiöse Glaube und die Spiritualität eine Ressource für Lebenszufriedenheit darstellen, hängt von der *Intensität* der Religiosität ab. Für „Mittelreligiöse" kann bezweifelt werden, dass der Glaube die Lebenszufriedenheit erhöht.[155] Die Lebenszufriedenheit ist bei Menschen mit instrumenteller und oberflächlicher Religiosität niedriger als bei Menschen mit einer verinnerlichten und tief verwurzelten Gläubigkeit.[156] Zudem widerspricht die christliche Tradition jeder Funktionalisierung des Glaubens. Vielmehr unterscheidet sie den gesellschaftlichen Stellenwert der Gesundheit von dem, was Heil bedeutet, und gewinnt von daher eine kritische Perspektive auf den gegenwärtigen Gesundheitsmarkt.[157]

Es mag sein, dass ein Pfarrer in erster Linie zum Zweck seiner Predigtarbeit biblische Texte meditiert und zum Erhalt seiner geistlichen Ausstrahlung auf sein spirituelles Leben achtet. Aufgrund neuerer Er-

---

[153] Ebd., 153.

[154] Ebd., 154.

[155] Christian Zwingmann, *Religiosität und Lebenszufriedenheit: Empirische Untersuchungen unter besonderer Berücksichtigung der religiösen Orientierung* (Roderer: Regensburg, 1991), 30.

[156] Ebd., 129.

[157] Michael Klessmann, Heilsamer Glaube?! Über den Zusammenhang von Religiosität, Seelsorge und Heilung, in: Christof Gestrich, (Hg.), *An Leib und Seele gesund: Dimensionen der Heilung* (Wichern: Berlin, 2007), 148.

kenntnisse der Religionspsychologie eröffnet sich aber durch die Achtsamkeitsmeditation eine weitere Perspektive hinsichtlich der Spiritualität. Sie gewährt Einblicke in die inneren Vorgänge eines Menschen und fördert die Wahrnehmung von religiös bedingten Stressoren, Stressreaktionen und persönlichen Stressverstärkern. Das vermehrte Interesse an Spiritualität seitens der Gesundheitsmedizin sowie der Psychologie und die positiven Ergebnisse der Neurophysiologie bezüglich der Integration des Glaubens in die Stressbewältigung sprechen auch für den Einsatz von Stressmanagementstrategien im Zusammenhang mit der Predigtarbeit.

Teil III
Empirische Untersuchung und Folgerungen

5. Eine empirische Studie

Aus der Beschäftigung mit der Stressbewältigung im Allgemeinen und speziell im Pfarrberuf ergeben sich bezüglich des Umgangs mit Stress bei der Predigtarbeit folgende Fragestellungen:

▸ Wie bewältigen Pfarrer den bei der Predigtarbeit anfallenden Stress?
▸ Wie gehen sie während der Predigtarbeit mit den Stressoren, persönlichen Stressverstärkern und Stressreaktionen um?
▸ Welchen Stellenwert nimmt die persönliche Spiritualität von Pfarrern im Zusammenhang mit der Stressbewältigung und der Predigtarbeit ein?

▶ In welcher Wechselwirkung stehen Predigtarbeit, Spiritualität und Stressbewältigung?

Um darauf möglichst präzise Antworten zu erhalten, führte ich die empirische Untersuchung durch. Um die subjektiven Erfahrungen von Pfarrern mit Stress bei der Predigtarbeit zu ermitteln, bediente ich mich der qualitativen Befragung in Form einer Fallstudie mit Gemeindepfarrern der Evangelischen Landeskirche in Baden mit langjähriger Diensterfahrung. Für die Interviews erstellte ich mit Hilfe des aktuellen Forschungsstands zum Thema Stressbewältigung einen Gesprächsleitfragen.

5.1. Das Untersuchungsergebnis

Aus der Zusammenschau der ausführlichen teilstrukturierten Gespräche mit drei Interviewpartnern ergibt sich folgendes Gesamtbild: Die Predigtarbeit ist im Allgemeinen mit angenehmen Assoziationen verbunden. Bei der *instrumentellen Stressbewältigung* spielt übereinstimmend das Zeitmanagement eine große Rolle. Was soziale Beziehungen betrifft, sind die Wahrnehmungen und Bedürfnisse recht unterschiedlich. Starke negative Emotionen behindern die Predigtarbeit, werden aber meist durch Ablenkung und kognitive Verarbeitung gemeistert. An der Aufrechterhaltung der fachlichen Kompetenz wird kontinuierlich gearbeitet. Der Bedarf an instrumenteller Stressbewältigung wird sehr deutlich wahrgenommen und vordringlich durch die Anwendung entsprechender Techniken ausgeglichen.

Bezüglich der *mentalen Stressbewältigung* schöpfen die Interviewpartner sowohl aus theologischen Quellen als auch aus dem Allgemeingut psychologischer Erkenntnisse. Die Bedeutsamkeit der persönlichen

Spiritualität wird für die Predigtarbeit und die Stressbewältigung unterschiedlich wahrgenommen, was
auch mit dem Glaubensstil des jeweiligen Pfarrers zu-
sammenhängt. Die befragten Pfarrer tendieren zum
selbst-direktiven Stil, bei dem keine unmittelbare Hilfe von Gott erwartet wird.[158] Entsprechend gestalten
sie auch die Ausübung ihrer Spiritualität. Gemeinschaft wird als befruchtend und bereichernd empfunden, wenn freundschaftliche Nähe besteht. Die Predigtvorbereitung wird übereinstimmend als stressmindernd, beruhigend, motivierend und befruchtend
erachtet, weshalb Stressbewältigung im Rahmen der
Predigtarbeit kein vorherrschendes Thema ist. Die Befragten sind sich des Problemfelds bewusst, sehen
aber keinen Bedarf der bewussten systematischen Bearbeitung des eigenen Stressverhaltens.

Zusammengefasst lässt sich feststellen, dass die Interviews in Bezug auf die Predigtarbeit die folgenden
allgemeingültigen Faktoren der Stressbewältigung be-
stätigten:

1. Die Entstehung von negativem Stress wird verhin-
   dert, indem man bewusst und aktiv mit Stressoren
   umgeht (instrumentelle Stressbewältigungskompe-
   tenz).
2. Stresserzeugende Einstellungen und Bewertungen
   werden durch positive Gedankeninhalte ersetzt
   oder neutralisiert (mentale Stressbewältigungs-
   kompetenz).
3. Sich abwechselnde Phasen der Aktivität und Ruhe
   sorgen für einen Abbau schädigender Stressreaktionen (regenerative Stressbewältigungskompeten-
   zen).

---

[158] C. Klein, a.a.O., 339.

Darüber hinaus stimmen die Interviewpartner darin überein, dass sie ihre persönliche Spiritualität in die Stressbewältigung integrieren. Außerdem empfinden sie alle das Vorbereiten von Predigten als *förderlich* sowohl für die Spiritualität als auch für die Stressbewältigung. Die Untersuchung belegt also einen vorwiegend positiven und konstruktiven Umgang der befragten Pfarrer mit Stress bei der Predigtarbeit.

Als Angehörige einer gebildeten und verantwortungsbewussten Berufsgruppe, die anderen Menschen helfen will, haben sich die befragten Pfarrer auch in irgendeiner Form mit Stressmanagement beschäftigt. Die dabei erworbenen Kenntnisse bringen sie in die Predigtarbeit ein. Ihnen ist das Stresspotential ihres Berufs durchaus bekannt. Sie leiden unter den Belastungen, wissen aber auch die einzigartigen Ressourcen des Pfarramtes zu nutzen. Dabei spielt die persönliche Spiritualität eine bedeutende, wenn auch individuell unterschiedliche Rolle. Zwischen Predigtarbeit, Spiritualität und Stressbewältigung wird eine unauflösbare und lebhafte Wechselbeziehung wahrgenommen. Auffallend ist die positive Auswirkung der Predigtarbeit auf die Pflege der Spiritualität und das Verhalten bei Stress.

Die Ergebnisse des empirischen Teils dieser Studie verdichten sich in drei Kernaussagen:

▸ Verschiedene Stresskompetenzen kommen parallel zur Anwendung.
▸ Das geistliche Leben wird in die Stressbewältigung integriert.
▸ Predigtvorbereitung wirkt aufbauend und stressreduzierend.

5.2. Diskussion

Dass die Predigtarbeit nicht nur überwiegend Stress erzeugt, wie ich vermutet hatte, sondern dass sie auch Stress reduziert und dass in der Untersuchung die stressmindernde Funktion sogar deutlich überwiegt, hat mich überrascht. Das Vorbereiten und Vortragen von Predigten ist zwar mit erheblichem negativem Stress verbunden, aber insgesamt trägt die Predigtarbeit in den Fallstudien dazu bei, die Widerstandsfähigkeit gegen Stress zu steigern sowie Disstress vorzubeugen und abzubauen. Zur Stressbewältigung beim Predigtgeschehen tragen sowohl psychologische als auch spirituelle Aspekte bei. Gemeinsam bedingen sie eine Predigtarbeit, die Stress abbaut.

Es ist denkbar, dass generell eine durch die Predigtarbeit optimierte Stressbewältigung zu einer verbesserten Predigtqualität und einem gesteigerten gesundheitlichen Wohlbefinden führt, was wiederum die Berufs- und Lebenszufriedenheit erhöht. Letzteres müsste allerdings durch weitere Untersuchungen bestätigt werden.

Einen wesentlichen Einzelaspekt bei Stressbewältigung im Zusammenhang mit der Predigtarbeit stellt die intensive Beschäftigung mit dem *Wort Gottes* dar. Die Vorbereitung einer Predigt beeinflusst damit das geistliche Leben eines Pfarrers entscheidend, weil er in die Gegenwart des lebendigen Gottes gerückt wird.

Das Ergebnis der Untersuchung darf aber nicht darüber hinwegtäuschen, dass die Predigtarbeit auch ihre *Schattenseiten* hat. Prediger empfinden Stress, wenn nach Stunden angestrengter Predigtvorbereitung am Sonntag nur wenige Zuhörer den Ertrag ihrer Arbeit teilen. Auch rufen die Bedeutungsabnahme und Geringschätzung der Predigt Stressgefühle hervor, woraus eine Abnahme der Motivation folgt. Deshalb müssen sich viele Pfarrer zur Vorbereitung der Predigt zwingen und zu ihrer Ausarbeitung aufraffen. Wenn sich Resignation einschleicht und ein latenter Widerwille die Predigtarbeit begleitet, nimmt die Predigtqualität ab, d.h. die Predigt wird dürftig und oberflächlich. Die sich daraus ergebende Sprach- und Echolosigkeit der Predigt schmälert das Gefühl der Selbstwirksamkeit und Sinnhaftigkeit, was wiederum den Stresspegel erhöht. Außerdem entsteht ein verhängnisvoller Zirkel, weil oberflächliche Predigten noch mehr Zuhörer vertreiben.

5.3. Hypothesen

Die Zusammenschau des Forschungsbefunds und der empirischen Studie erlaubt keine abschließenden Urteile. Dafür sagt der Forschungsbefund zu wenig über den spezifischen Stress mit der Predigtarbeit aus und dafür besitzt die qualitative Studie mit drei Interviewpartnern zu wenig Aussagekraft. Was aber als wertvoller Ertrag aus beidem hervorgeht, ist die Möglichkeit, nun wesentlich differenziertere Hypothesen als zuvor zu erstellen, die durch weitere Forschungsarbeit überprüft werden können.

5.3.1. Hypothese 1

Falls die Predigtarbeit stressig wird, wendet eine Mehrzahl von Pfarrern Prinzipien der instrumentellen, mentalen und regenerativen Stressbewältigung an.

Wie die Dreiteilung der Stresskompetenzen vermuten lässt, ist auch zur Bewältigung von Stress bei der Predigtarbeit ein ganzes Bündel von stressreduzierenden

Maßnahmen nötig. Die Stresskompetenzen werden am besten simultan angewandt.

Trotz einiger Einwände kann man sagen, dass die in der Literatur vorgegebenen instrumentellen, mentalen und regenerativen Stresskompetenzen für eine Stressbewältigung bei der Predigtarbeit nicht nur anwendbar sind, sondern häufig auch wirklich umgesetzt werden.

5.3.2. Hypothese 2

Wenn die Umstände der Predigtarbeit Stress auslösen, wirkt die predigtbedingte Beschäftigung mit dem Wort Gottes zusätzlich stressreduzierend.

Durch die ungeteilte Konzentration der Aufmerksamkeit auf den Predigttext findet der Pfarrer durch die allwöchentliche Pflicht der Predigtarbeit zur inneren Ruhe, wodurch auch Ruhe in seinen Berufsalltag einkehrt. Hinzu kommt, dass sich erst durch das ruhige, konzentrierte Nachdenken der Predigttext in ein Leben schaffendes Wort verwandelt.[159] Persönliche Schriftmeditation und Predigtmeditation sind häufig miteinander verschmolzen, weshalb die Predigtarbeit geradezu als *spirituelle Übung* betrachtet werden kann.

Auch die theologische Lehre von der *Rechtfertigung* durch Gott wirkt stressmindernd. Um nicht persönlichen Stressverstärkern zu unterliegen und um sich vor Selbstüberforderung zu schützen, vergegenwärtigen sich die Pfarrer immer wieder, dass sie von Gott angenommen sind.

Das *Beten* während der Predigtvorbereitung sowie vor und nach dem Predigtvortrag wird ebenfalls als stressreduzierend empfunden, weil es den Gemeinde-

---

[159] R. Bohren, a.a.O., 247.

pfarrer entlastet und seiner Zufriedenheit über die gelungene Predigt Ausdruck verleiht. Bei den Gebeten rund um Gottesdienst und Predigt handelt es sich weniger um verbale Äußerungen des Bittens und Dankens als um ein entlastendes Verbundensein mit Gott. Es ist eine Glaubenshaltung, die sich im Vertrauen auf Gottes Wirken beim Predigen ausdrückt. Diese in der Grundhaltung verankerte Art des Betens hält während der gesamten Predigtvorbereitung an. Das nonverbale Gebet der inneren Haltung bringt nach der Predigt Empfindungen der Freude und des Dankes hervor.[160]

Eine ähnliche stressmindernde Wirkung in der Predigtarbeit wie das Gebet hat die *Musik*.[161] Nicht von ungefähr wird der Glaube an Gott in der jüdisch-christlichen Tradition als *singender* Glaube verstanden, weshalb Menschen der Bibel ihr Loben und Klagen musikalisch zum Ausdruck bringen.[162] Luther betont, dass der vom Evangelium erfasste Mensch gar nicht anders kann als singen.[163] Auch das Hören geistlicher Musik rückt den Hörer in die Gegenwart Gottes.[164]

---

[160] Der stressreduzierende Effekt des Betens wird in der Literatur immer wieder erwähnt. In Situationen der Angst und Ohnmacht fühlen sich betende Menschen durch ihr Bitten befähigt, auf ihre Umgebung Einfluss zu nehmen. Marion Schowalter, Sebastian Murken, Religion und psychische Gesundheit: Empirische Zusammenhänge komplexer Konstrukte, in: Christian Henning (Hg.), *Einführung in die Religionspsychologie* (Schöningh: Paderborn, München, Wien, Zürich, 2003),150.

[161] Vgl. zur Stressreduktion durch Musik Manfred Spitzer, *Musik im Kopf: Hören, Musizieren, Verstehen und Erleben im neuronalen Netzwerk*, 8. Aufl. (Schattauer: Stuttgart, 2008), 398, 430.

[162] Christian Möller, *Einführung in die praktische Theologie* (Francke: Tübingen, 2004), 110.

[163] Ebd., 120.

[164] Peter Zimmerling, *Evangelische Spiritualität: Wurzeln und Zugänge* (Vandenhoeck & Ruprecht: Göttingen, 2003), 248.

Die Betonung der Integration von Spiritualität in die Stressbewältigung kann zu der Annahme verleiten, dass das Lesen der Bibel, das Sprechen von Gebeten und das Singen von geistlichen Liedern an sich schon ein erfolgreiches Stressmanagement versprechen. Religiosität und Spiritualität garantieren jedoch nicht per se eine gelingende Stressbewältigung. Unter Umständen können spirituelle Übungen und theologisch geprägte Einstellungen sogar negativen Stress erzeugen, wenn sie von irrationalen Ideen überlagert sind.

5.3.3. Hypothese 3

Sofern bei der Predigtarbeit Stresskompetenzen Anwendung finden und die spirituelle Praxis des Pfarrers intensiviert wird, trägt sie wesentlich mehr zur Stressbewältigung bei, als dass sie selbst Stress auslöst.

Bei der Beschäftigung mit der Frage, wie die Predigtarbeit das Stresserleben und die Stressbewältigung beeinflusst, sticht in den Interviews der stressreduzierende Aspekt des Vorbereitens einer Predigt ins Auge. Die Predigtarbeit reduziert sowohl den im pfarramtlichen Alltag als auch den bei der Predigtarbeit selbst anfallenden Stress.

Die Predigtarbeit steigert nicht nur das Wohlbefinden, sondern wird auch von den Pfarrern als bedeutende Quelle ihrer Spiritualität wahrgenommen.

Predigen ist laut Bohren eine Anleitung zur Freude.[165] Die Predigtarbeit kann Stress erzeugen, weil aber die Freude überwiegt, handelt es sich nicht um den gesundheitsschädlichen Disstress, sondern um den lebensfördernden *Eustress*. Da die Freude ganz zentral zum christlichen Gottesbild gehört, stärkt die

---

[165] R. Bohren, a.a.O., 17.

Predigtarbeit dauerhaft die innere Widerstandkraft. Eine verstärkt optimistische Einschätzung der eigenen Handlungsmöglichkeiten wirkt sich wiederum günstig auf die Selbstwirksamkeitsüberzeugung aus.[166] Eine hohe Selbstwirksamkeitsüberzeugung erleichtert insgesamt die Bewältigung von Alltagsstress in Berufs- und Privatleben.[167]

Das „Eigentliche" des Pfarrberufs sind Seelsorge, Verkündigung und Lehre.[168] In der Predigtarbeit ergänzen und verdichten sich diese Kernbestandteile und erhöhen das Gefühl der Sinnhaftigkeit. Wenn sich ein Gemeindepfarrer genug Zeit für die wesentlichen Dinge seines Berufs nehmen kann und nimmt, reduziert dies seinen Stress. Dafür lohnt sich eine gezielte Freistellung, denn die Beschäftigung mit dem Eigentlichen vermittelt motivierenden Lebenssinn.[169] Durch die predigtbedingte Beschäftigung mit theologischen Themen tritt der Pfarrer einen Schritt von den Alltagsbelastungen zurück und entwickelt über den Alltag hinausweisende Perspektiven, die nicht vom Negativen bestimmt werden. Die mit der Predigtarbeit einhergehende Belebung der Spiritualität wirkt sich in dieser Weise positiv auf die Stressbewältigung aus.

---

[166] Ralf Schwarzer, *Stress, Angst und Handlungsregulation*, 3., überarb. u. erw. Aufl. Stuttgart: Kohlhammer: Stuttgart, 1993), 14.
[167] G. Kaluza, a.a.O., 122.
[168] D. Becker, a.a.O., 100.
[169] G. Kaluza, a.a.O., 98f.

5.3.4. Hypothetisches Fazit

Durch die Anwendung von Stresskompetenzen und die Intensivierung der spirituellen Praxis beim Vorbereiten und Vortragen von Predigten wirkt die Predigtarbeit überwiegend stressreduzierend.

Im aktuellen Beratungssektor sind Stressmanagementhilfen in Form von Ratgebern, Handbüchern und Fortbildungsseminaren weit verbreitet. Sie zeugen von einem hohen Standard, sind zum Teil berufsspezifisch gestaltet und berücksichtigen - zumindest in der neueren Zeit - zunehmend die Spiritualität, wenngleich nicht unbedingt die christliche oder evangelische. Dieses Angebot trifft auf eine gebildete, verantwortungsbewusste Pfarrerschaft, die sich durch selbständiges Studium mit Themen der Stressbewältigung befasst. Zudem ziehen die Pfarrer aus eigenen Erfahrungen und Beobachtungen sowie aus gelegentlichen Fortbildungsveranstaltungen nötige Informationen, um erfolgreich negativen Stress zu bekämpfen. Diese offensive Stressbewältigung ist aufgrund hoher beruflicher Anforderungen durchaus angebracht, wird aber nicht von allen Pfarrern durchgehalten. Um den Belastungen eines krisenhaften Berufsbildes standzuhalten, reichen berufspolitische Perspektivenwechsel und (tiefen-)psychologische Analysen alleine nicht aus. Die Rückbesinnung auf die Pflege der persönlichen Spiritualität und die Einführung eines pfarramtlichen Stressmanagements sind notwendig, um den typischen Stressoren des Pfarrberufs sinnvoll zu begegnen. Auf diese Weise können irrationale Denkmuster aufgebrochen sowie Trugbilder der Überidentifikation und des Gott-Komplexes durch angemessene Rollenbilder ersetzt werden. Voraussetzung dafür ist jedoch, dass der einzelne Pfarrer selbst die Verantwortung für seinen Umgang mit Stress übernimmt. Jede gelingende Stressbewältigung beginnt bei der gestressten Person selber.

Bei der Stressbewältigung im Rahmen der Predigtarbeit kommen die gleichen Prinzipien zum Tragen wie beim Stressmanagement in anderen Bereichen des Berufs- und Alltagslebens. Die Anwendung dieser Prinzipien geschieht simultan und bedient sich der instrumentellen, mentalen und regenerativen Stresskompetenzen. Stressoren, Stressverstärker und Stressreaktionen verlieren ihre schädigende Wirkung, wenn sich ein Pfarrer differenziert und zielgerichtet mit ihnen auseinandersetzt und entsprechende Strategien entwickelt. Stresserzeugende Einstellungen und Bewertungen werden durch positive Gedankeninhalte ersetzt. Zum Abbau gesundheitsschädigender Stressreaktionen eignen sich abwechselnde Phasen der Aktivität und Ruhe. Stressoren begegnet man am besten durch die Entwicklung eigener Fähigkeiten.

Die Integration der Spiritualität in die Stressbewältigung ist sowohl theologisch als auch psychologisch sinnvoll. Allerdings begünstigt die Pflege der Spiritualität in Form einer gottesfürchtigen Haltung - verbunden mit geistlichen Übungen - den Abbau von Stress nur dann, wenn ein *positives Gottesbild* vorhanden ist. Zudem hängt die Qualität der Stressverarbeitung vom persönlichen Glaubensstil ab. Je nachdem, ob der Pfarrer mehr das Delegieren an Gott betont oder stärker auf das Aktivieren eigener Kräfte setzt, fällt die Qualität der Stressbewältigung verschieden aus. Stehen beide im Gleichgewicht, ergänzen sich Spiritualität und Stressbewältigung in geeigneter Weise, was zu optimalen Ergebnissen im Umgang mit Belastungen führt.

Abbildung 03: Stressreduktion durch Predigtarbeit

Wenn der Predigtarbeit genug Zeit und Anerkennung seitens der Kirchenleitung und der Kirchengemeinde zuerkannt wird, kann sie eine Quelle des geistlichen Leben und des Wohlbefindens sein. Der Prediger gewinnt Abstand zu Alltagsbelastungen und erfährt, wie sich durch das Studium des Wortes Gottes neue Perspektiven eröffnen. Das gilt auch für negativen Stress, der von der Predigtarbeit selbst ausgeht. Damit fällt die Bilanz der stresserzeugenden und der stressreduzierenden Aspekte der Predigtarbeit zu Gunsten einer verbesserten Stressbewältigung aus, was sich letztendlich auf alle Bereiche der pfarramtlichen Tätigkeit erstreckt.

6. Folgerungen für die Praxis

Die folgenden Empfehlungen, die sich auf die instrumentelle und regenerative Stressbewältigung konzentrieren, sind vorläufig, da sie zwar als Ertrag dem Literaturbefund und der empirischen Forschung entspringen, sich aber vorerst nur auf Hypothesen stützen.

6.1. Instrumentelles Stressmanagement

6.1.1. Zeitplanung

Bei der *instrumentellen Stressbewältigung* geht es besonders um die Entwicklung der Kompetenzen auf dem Gebiet des Zeitmanagements und der Selbstbehauptung. Es empfiehlt sich neben einer guten Durchstrukturierung der Woche (nicht zuletzt im Blick auf die Predigtvorbereitung) auch die Unterteilung eines Arbeitstages in die drei Module Vormittag, Nachmittag und Abend. Das jeweilige Modul bildet eine Zeiteinheit, das sich aus drei bis vier Stunden zusammensetzt. Der Pfarrer entscheidet, wie er die 21 Module pro Woche füllt. So können beispielsweise dreizehn dieser Module für die Gemeindearbeit und ungefähr vier für die Predigtarbeit vorgesehen werden. Menschen funktionieren psychologisch am besten, wenn Arbeitsperioden limitiert sind und klar zwischen beruflicher und privater Arbeit unterschieden werden kann.[170] Im Zeitmanagement der interviewten Pfarrer werden auch Planungen im Halbjahresrhythmus erstellt. Dieses langfristige Vorgehen wird von der Stressberatungsliteratur ebenso unterstützt wie die kurzfristigen Planungen.[171] Allen planerischen Bemühungen liegt zugrunde, dass sich die vielbeschäftigen Pfarrer mehr Zeit für das Wesentliche nehmen und mit der Zeit souverän umgehen.

---

[170] Charles L. Rassieur, *Stress management for ministers* (Westminster Press: Philadelphia, 1982), 111.

[171] Ebd., 103-112; Lothar J. Seiwert, *Mehr Zeit für das Wesentliche: Besseres Zeitmanagement mit der SEIWERT-Methode*, 13. Aufl. (Moderne Industrie: Landsberg a.L., 1992), 105f.

6.1.2. Selbstbehauptung

Bei der Abgrenzung und Selbstbehauptung bauen die interviewten Pfarrer auf ein ganzes Bündel von Maßnahmen. Stressoren in Form überzogener oder unberechtigter Erwartungen werden durch die Wertschätzung der eigenen Leistung, die Treue zum eigenen Stil und den Blick auf positives Feedback relativiert. Auch der fürsorgende Blick auf die Bedürfnisse des Predigthörers mindert den Stress durch Erwartungen.

Das ist noch durch die Möglichkeit der Selbstbehauptung durch klare, eindeutige Äußerung der eigenen Wünsche, Bedürfnisse und Gefühle zu ergänzen.[172] Ärger, auch über scheinbare Kleinigkeiten, verliert seine zerstörerische Wirkung, wenn er wahrgenommen und in einer nicht drohenden, nicht bestrafenden Art und Weise ausgedrückt wird.[173] Durch praktizierte Vergebung werden negative Emotionen beruhigt und unterbrochene Beziehungen Schritt für Schritt wiederhergestellt.[174] Eine so verstandene Selbstbehauptung trägt zu gegenseitiger Akzeptanz und Verständnis bei, wodurch die Beziehungen zu Menschen in der Gemeinde an Offenheit, Vertrauen und Tiefe gewinnen.

6.1.3. Beziehungspflege

Übertriebene Selbstbehauptung schadet aber: Das *Einzelkämpfertum* ist für Pfarrer eine Gefahr. Die vielfältigen Maßnahmen der befragten Pfarrer im Blick auf ihr soziales Netz bestätigen, dass die Pflege und Entwicklung von zwischenmenschlichen Beziehungen für die

---

[172] G. Kaluza, a.a.O., 97.

[173] M. Klessmann, Ärger und Aggression, 155.

[174] David Augsburger, *Freiheit der Vergebung* (Liebenzeller Mission: Bad Liebenzell, 1990), 19.

gelingende Stressbewältigung eminent wichtig ist.[175] Eine besondere Bedeutung kommt dabei der *Ehe* zu. Eheleute, die sich gegenseitig unterstützen, empfinden deutlich weniger Stress als Menschen, die in eher gleichgültigen Beziehungen leben. Für Erstere ist es weniger wahrscheinlich, in Depressionen zu verfallen oder auszubrennen, wenn ihr Leben zeitweise über die Maßen stressig wird.[176] Eine harmonische Ehe sowie die Unterstützung durch Freunde und Familie reduzieren nicht nur die psychischen und physischen Anzeichen von Stress, sondern vermindern auch die zerstörerischen Auswirkungen psychischer Belastungen auf die körperliche Gesundheit.[177]

Auch gemeinsame Predigtvorbereitungen mit Gemeindegliedern oder Kollegen können das soziale Netzwerk stärken.

6.1.4. Pflege der Fachkompetenz

Die befragten Pfarrer versuchen durch die Entwicklung ihrer fachlichen Kompetenzen Stress vorzubeugen, indem sie sich stetig im homiletischen Bereich fortbilden und ihre Kreativität fördern. Meist geschieht die Fortbildung autodidaktisch durch Lesen der aktuellen Fachliteratur sowie durch Beobachtung und Analyse von Predigtvorträgen oder schriftlichen Predigten. Besonders effektiv für die Erweiterung der

---

[175] Jerry W. Pennington, Stress and burnout among clergy couples serving in new work areas, DEd Dissertation, Southwestern Baptist Theological Seminary, Fort Worth, Texas, 1989 (Mikrofiche-Ausgabe: Ann Arbor, Michigan 1988), 55.

[176] Ayala Malach Pines, Elliot Aronson, Ditsa Kafry, *Ausgebrannt: Vom Überdruss zur Selbstentfaltung,* 3. Aufl. (Klett-Cotta: Stuttgart, 1991), 151f.

[177] Allen Elkin, *Erfolgreiches Stressmanagement für Dummies: Genießen Sie das Leben - ohne Druck und Sorgen.* 2., überarb. Aufl. (Wiley: Weinheim, 2007), 264.

eigenen Predigtkompetenz ist das Mitwirken an der Ausbildung angehender Prediger.

Die Bereitschaft zum lebenslangen Lernen ist für eine gelingende Predigtarbeit unerlässlich, um sich langfristig vor allmählichem Kompetenzverlust, zunehmender Überforderung und vorzeitigem Erschöpfen der Kreativität zu schützen. Klessmann schreibt, dass dazu auch die Reflexion der eigenen Biographie gehört: „Blinde Flecken" sollen erkannt sowie kommunikative Fähigkeiten methodisch reflektiert und weiterentwickelt werden. Selbstbestimmtes und freiwilliges Lernen setzt die Selbstverantwortlichkeit der Beteiligten sowie ihre Bereitschaft und Neugier zur Introspektion voraus. Sie sind fähig, im Gespräch mit anderen die Fragen und Ziele zu finden, die zur Weiterentwicklung ihrer Person und ihrer Professionalität von Bedeutung sind.[178] Wer sich nicht davor scheut, Fragen zu stellen und zuzugeben, dass er etwas nicht weiß, wer bereit ist, zuzuhören und andere dazu zu ermuntern, ihr Wissen weiterzugeben, wird von anderen lernen, mit Stress kompetent umzugehen. Um sich vor dem Leer-gepredigt-sein zu schützen und die Kreativität zu fördern, ist die Pflege einer Kultur der ständigen Fort- und Weiterbildung unerlässlich.

6.2. Mentales Stressmanagement

Ziel der mentalen Stressbewältigung ist, stresserzeugende Einstellungen und Bewertungen durch positive Gedankeninhalte zu ersetzen. Aus der empirischen Untersuchung geht hervor, dass sich die in ihr gewonnenen Aussagen teilweise mit denen der Stressmanagementliteratur decken. Die befragten Pfarrer erken-

---

[178] Michael Klessmann, *Pastoralpsychologie: Ein Lehrbuch* (Neukirchener: Neukirchen-Vluyn, 2004), 630f.

nen Stressverschärfer und setzen sich mit ihnen konstruktiv auseinander. Sie ersetzen destruktive Denkmuster durch aufbauende Einstellungen. Damit werden Prinzipien der mentalen Stressbewältigung beherzigt, bei denen es um das Erkennen und Reflektieren persönlicher Stressverstärker und um den Ersatz individueller stressverschärfender Denkmuster durch aufbauende und konstruktive Bewertungen und Einstellungen geht.[179]

In der Literatur zu Predigtarbeit und Pfarrberuf kann man viel über die stresserzeugenden mentalen Probleme lesen, die im Zusammenhang mit dem Predigen entstehen. Die Bedeutung der Predigt scheint gegenüber der Seelsorge immer mehr in den Hintergrund zu rücken.[180] Prediger sind stets mit müden, resignierten sowie gelangweilten Predigthörern konfrontiert.[181] Befindet sich ein Prediger im Zustand des Burnout, kann er so stark von einem Gefühl der Unwürdigkeit erfasst werden, dass er unfähig wird zu predigen.[182]

Ziel der mentalen Stressbewältigung ist, auch aus sehr schwierigen Situationen das wirklich Beste zu machen[183] und in leidvollen Verhältnissen einen Sinn zu erkennen.[184] Die interviewten Pfarrer bemühen sich um eine akzeptierende Haltung gegenüber unliebsamen und unangenehmen Seiten der Realität, indem sie ihre eigenen Grenzen annehmen. Regelmäßig wiederkehrende lästige Stressreaktionen wie Mundtrockenheit beim Lampenfieber werden hingenommen

---

[179] G. Kaluza, a.a.O., 112.

[180] D. Becker, a.a.O., 74.

[181] R. Bohren, a.a.O., 85f.

[182] M. Verlohr, a.a.O., 148.

[183] Ebd., 113.

[184] Klaus Berger, *Was ist biblische Spiritualität?* (Quell: Gütersloh, 2000), 91.

und durch einfache Mittel behandelt. Selbst das Problemfeld „Freizeit" wird im Rahmen des „package deal"[185] akzeptiert, indem man eine Ausgeglichenheit zwischen den Vor- und Nachteilen des Pfarrberufs erkennt. Die Interviewpartner versuchen, das Beste aus den Unzulänglichkeiten zu machen. Dieses Annehmen fördert die Stresstoleranz.[186] Es kostet zunächst Überwindung, befreit aber von der destruktiven Wirkung des Empfindens von Groll und Ärger gegenüber der Realität.[187]

Der Teufelskreis unguter Gefühle und Gedanken kann durch eine ermutigende und akzeptierende Selbstkommunikation gestoppt werden. Von nicht zu unterschätzendem Wert ist hierfür aber auch das Gespräch mit anderen oder das Führen eines persönlichen Tagebuchs, dem man auch erlittene Traumata anvertrauen kann.[188] Aus der Neurobiologie stammt die Einsicht, dass durch die gezielte Einübung kon-

---

[185] Unter *package deal* versteht man die Gesamtvereinbarung von berufsbedingten Einschränkungen und Privilegien. Er ist aus dem Lot geraten, wenn der Freizeitverzicht, den Professionen mit sich bringen, nicht mehr durch die lebenslange feste Anstellung ausgeglichen wird. Isolde Karle, *Der Pfarrberuf als Profession: Eine Berufstheorie im Kontext der modernen Gesellschaft* (Stuttgart: Kreuz: Stuttgart, 2008), 274.

[186] Stresstoleranz ist die Fähigkeit, die eigene Umgebung wahrzunehmen, ohne dabei zu erwarten, dass sie anders sein sollte, die Fähigkeit, sich des eigenen momentanen emotionalen Befindens gewahr zu werden, ohne zu versuchen, es zu verändern, und die Fähigkeit, die eigenen Gedanken und Handlungsmuster zu beobachten, ohne den Versuch, sie zu stoppen oder zu kontrollieren. Marsha Linehan, *Trainingsmanual zur dialektisch-behavioralen Therapie der Borderline-Persönlichkeitsstörung* (CIP-Medien: München, 1996), 124.

[187] M. Burisch, a.a.O., 231.

[188] R. Kretschmann, a.a.O., 25.

struktiver Bewertungen neue Nervenbahnungen entstehen.[189]

Eine konstruktive Bewertung der Predigtarbeit ergibt sich auch aus der theologisch begründeten Überzeugung, dass die Predigt von den Lehren und Taten Gottes zeugt[190] und ein Dienst an der Versöhnung des Menschen mit Gott ist.[191] Die befragten Pfarrer empfinden das Predigen als Vorrecht und nicht als Bedrohung. Es macht ihnen Freude.

Bei den *Stressverstärkern* spielt vor allem die *Anerkennungsmotivation* eine Rolle. Um sich vor Selbstüberforderung zu schützen, entlasten sich die interviewten Pfarrer durch den Gedanken an die Rechtfertigung Gottes, durch die regelmäßige Verwendung der Perikopenreihe[192] und durch die Wertschätzung der eigenen Bemühungen.

Der Kommunikationswissenschaftler Schulz von Thun entwarf ein Modell der persönlichen Weiterentwicklung, mit dessen Hilfe Stressverstärker entschärft werden können. In einem Prozess der inneren Entwicklung, an dessen Anfang die Selbsterkenntnis steht, werden den übertriebenen und dadurch negativ gewordenen Einstellungen positive Verhaltensweisen gegenübergestellt.[193] Nach und nach nimmt der Einfluss der unrealistischen Vorstellungen und unerfüll-

---

[189] Manfred Spitzer, *Geist im Netz: Modelle für Lernen, Denken und Handeln*. (Spektrum: Heidelberg, Berlin, 2000), 44.

[190] Ernst Lerle, *Kontaktstark verkündigen: Grundzüge bibeltreuer Predigt* (Hänssler: Stuttgart-Neuhausen, 1989), 11-13.

[191] Paul M. Zulehner, *Einführung in den pastoralen Beruf: Ein Arbeitsbuch* (Don-Bosco: München, 1977), 204f.

[192] Sich an die Texte der Perikopenreihe zu halten schützt die Person des Predigers, wenn er durch das Aufgreifen unbeliebter Themen seine Beliebtheit in Gefahr sieht.

[193] Friedemann Schulz von Thun, *Stile, Werte und Persönlichkeitsentwicklung: Differentielle Psychologie der Kommunikation*, Miteinander reden 2 (Rowohlt: Reinbek, 2006), 40.

baren Ansprüche ab. Durch das Vorgehen in kleinen konkreten Schritten erfährt der gestresste Prediger, wie er vom Universalitätsanspruch seiner vielen „Ich-muss"-Forderungen frei wird.

6.3. Regeneratives Stressmanagement

In diesem Bereich geht es um Entspannung und Ausgleich, wobei *Bewegung, Schlaf, Entspannungstraining* und das *Genießen im Alltag* wesentliche Rollen spielen.

Der Mangel an Freizeit wird von den interviewten Pfarrern als ein hauptsächliches Problemfeld wahrgenommen. Pfarrer stehen Sonntag für Sonntag auf der Kanzel, nehmen sich keinen Werktag in der Woche als „pastor's day off" und erleiden schon deshalb gesundheitliche Schädigungen bis hin zum Herzinfarkt.[194] Zusätzlich belasten die alljährlich auftretenden Phasen der Überanstrengung, die fortschreitende Verdichtung der Arbeit durch Stellenkürzungen und die mangelnden Möglichkeiten der Abtrennung von Privat- und Dienstbereich.[195]

Die Literatur bestätigt, dass selbst eine moderate *körperliche Aktivierung* die Befindlichkeit verbessert. Negative Empfindungen und Spannungszustände nehmen ab, während Ausgeglichenheit und Ruhe zunehmen.[196] Jede regelmäßige körperliche Aktivität, die zur Beschleunigung der Atmung führt und länger als

---

[194] T.A.G. Hartmann, a.a.O., 352.
[195] Petra-Angela Ahrens, Inhaltliche Verhandlung der Themenkomplexe, in: Martin Laube (Hg.), *Perspektiven für den Pfarrberuf: Auswertungstagung zum Diskussionsprozess über das "Arbeitsbuch zur Pastorinnen- und Pastorenbefragung der Ev.-Luth. Landeskirche Hannovers"* (Evangelische Akademie Loccum: Rehburg-Loccum, 2008), 19.
[196] Jürgen Otto, *Befindensveränderungen durch emotionsbezogene und aufgabenbezogene Stressbewältigung* (Centaurus: Pfaffenweiler, 1991), 61.

zehn Minuten dauert, dient dem Stressabbau und der Förderung der physisch-psychischen Verfassung.[197] So kann z.B., wenn schon die Zeit für Fitnesstraining und Sport zu knapp erscheint, ein Teil der Predigtvorbereitung auch in Verbindung mit Bewegung, wie zügigem Gehen oder Fahrradfahren, ausgeübt werden.[198]

Ein *gesunder Schlaf* ist angesichts des Mangels an Freizeit sehr wichtig, weshalb die zentralen Regeln der *Schlafhygiene* beachtet werden sollten. Die Schlafhygiene zielt sowohl auf einen möglichst strukturierten Tagesablauf als auch auf eine gesunde und regelmäßige Lebensweise. Daneben ist auch die Gestaltung der Schlafumgebung von Bedeutung. Leichte Lektüre und Einschlafrituale wie etwa der allabendliche Spaziergang oder das Hören von Entspannungsmusik können hilfreich sein.[199] Es gibt eine Vielzahl von Entspannungsübungen, z.B. die *progressive Muskelentspannung* nach Jacobson[200] oder Techniken der Neurolinguistischen Programmierung (NLP).[201]

Zu den regenerativen Stresskompetenzen rechnet man auch *meditative Übungen* und das *Genießen im All-*

---

[197] Eckhart Müller-Timmermann, *Ausgebrannt: Wege aus der Burnout-Krise*, 10., vollständig neu bearb. Aufl. (Herder: Freiburg i.B., Basel, Wien, 2004), 131-135.

[198] W.E. Hulme, a.a.O., 74.

[199] Andrea Pfetzing, „Schlafhygiene", in Helga Peter (Hg.): *Enzyklopädie der Schlafmedizin* (Springer: Heidelberg, 2007), 1090-1092.

[200] Edmund Jacobson, *Entspannung als Therapie: Progressive Relaxation in Theorie und Praxis*, mit einem Beitrag von R. Höfler zur Weiterentwicklung der "progressiven Relaxation" nach Jacobson, 5. Aufl. (Pfeiffer bei Klett-Cotta: Stuttgart, 2002). Eine abgestufte Übungsanleitung mit Übungs-CD bietet Hans-Arved Willberg, *Einfach entspannt: Das Wohlfühlprogramm nach Jacobson*, 2. Aufl. (Hänssler: Neuhausen-Stuttgart, 2007).

[201] Udo W. Kliebisch, *Power teaching: Was die Lehrerausbildung zu lehren vergaß. Das Handbuch für junge Lehrerinnen und Lehrer* (Schneider Hohengehren: Baltmannsweiler, 1998), 10f.

tag. Im kirchlichen Bereich ist die Versenkungsübung nach Meister Eckhart gut bekannt.[202] Sein „Gebet aus ledigem Gemüt" stellt den Willen zurück und hat nichts Forderndes an sich. Nachdem der Meditierende in einer Vorbereitungsphase zu Ruhe gekommen ist, stellt er in die Stille hinein Fragen, wer er ist und was ihn trägt und erhält. Es geschieht nichts aus der Kraft des Meditierenden. Alles wird „geschenkt", „gegeben" und „als Gnade gewährt." Hilfreich sind dabei Sätze oder Vorstellungen wie: „Nicht wie ich will, sondern wie Du willst. Dein Wille geschehe."

Ziel und Zweck mystischer Übungen ist natürlich nicht in erster Linie der spannungs- und stresslösende Effekt, sondern die Erfahrung mit Gott. Das *Genießen im Alltag* hingegen ist eine auf das Diesseits gerichtete Kunst, die man erlernen kann und die gelernt sein *will*. In seiner „Kleinen Schule des Genießens" belegt Rainer Lutz, dass man aus dem Genießen Kraft schöpfen kann. Voraussetzung ist allerdings, dass man sich ausreichend Zeit nimmt. Schon das Planen eines genussvollen Essens oder Spaziergangs schafft Freude. Neben der Vorfreude sind es die kleinen Begebenheiten und Verrichtungen, die für das kleine, aber bedeutungsvolle Glück sorgen.[203]

Die moderne Erholungsforschung bestätigt insgesamt, dass aktiv gestaltete Erholungsprozesse gewünschte und notwendige Erholungseffekte erzie-

[202] Richard Reschika, *Praxis christlicher Mystik: Einübungen - von den Wüstenvätern bis zur Gegenwart* (Herder: Freiburg i.B., Basel, Wien, 2007), 196.
[203] Rainer Lutz (Hg.), *Genuss und Genießen: Zur Psychologie des genussvollen Erlebens und Handelns* (Beltz: Weinheim, Basel, 1983), 112-116; vgl. R. Kretschmann, a.a.O., 107.

len.[204] So erscheinen auch regelmäßige Ruhephasen nur auf den ersten Blick als Zeitvergeudung. Ein Prediger verliert durch das Einhalten von Pausen und Unterbrechungen keine Zeit, sondern gewinnt sie als Ergebnis einer gesteigerten Effizienz zurück.[205] Großen Wert hat ein zusätzlicher „Ruhetag" neben dem Sonntag.

6.4. Perspektiven und Schluss

Um die Gemeindepfarrer bei der Stressbewältigung zu unterstützen, empfiehlt sich die Erarbeitung eines Curriculums, das sich in Einzelkursen mit der Entwicklung von instrumentellen, mentalen und regenerativen Stresskompetenzen befasst. Seminare über Zeitmanagement und Selbstbehauptung, Fortbildungen im Verwaltungs- und Computerbereich oder Workshops zur Auffrischung des homiletischen Fachwissens sind nur einige Beispiele, wie Stress im Pfarrberuf wirksam reduziert werden kann. Da im Pfarrberuf und bei der Predigtarbeit die Ursachen für Stress sehr vielfältig sind und in Abhängigkeit von der jeweiligen Dienststelle und der Persönlichkeit des Pfarrers stark variieren, müssen individuelle Stressbewältigungspläne ausgearbeitet werden. Voraussetzung ist allerdings, dass Pfarrer sensibel gemacht werden, bei sich selber oder bei Pfarrkollegen Anzeichen von schädigendem Stress wahrzunehmen und anzusprechen sowie nach Lösungen zu suchen und Maßnahmen zu ergreifen. Um den psychologischen Aspekten des Umgangs mit Belastungen Rechnung zu tragen, sollten

---

[204] Rainer Wieland-Eckelmann, *Erholungsforschung: Beiträge der Emotionspsychologie, Sportpsychologie und Arbeitspsychologie* (Beltz, Psychologie-Verlags-Union: Weinheim, 1994), 73-77.

[205] C.L. Rassieur, a.a.O., 109f.

die Kirchenleitungen einschlägige Stressmanagement-
kurse und Seminare anbieten und zu ihrem Besuch ermutigen.

Die Pflege des geistlichen Lebens, das heißt die regelmäßige Auseinandersetzung mit theologischen Inhalten und deren lebenspraktische Verinnerlichung,
scheint für das Stressmanagement unerlässlich. Da
der pflegliche Umgang mit der eigenen Spiritualität
vor allem in stressigen Phasen des Kirchenjahres nicht
immer gelingt, dürfen Pfarrer sich nicht scheuen, die
Möglichkeiten von Supervision, Seelsorge und geistlicher Begleitung zu nutzen.

Der interdisziplinäre Dialog zwischen Praktischer
Theologie und den Sozialwissenschaften ist bezüglich
der Stressbewältigung noch ausbaufähig. Wie beispielsweise Josuttis oder Klessmann die Diskussion
mit der Tiefenpsychologie suchen, wäre ein wissen-
schaftlicher Dialog mit Disziplinen nötig, die sich vorwiegend mit der Entstehung und Verarbeitung von
Stress beschäftigen. Vielleicht könnte sich die Praktische Theologie selbst der Stressforschung im kirchlichen Bereich widmen und entsprechende Bewälti-
gungskonzepte entwickeln. Diese Stressbewältigungs-
modelle müssten Themen einbeziehen, die sich mit
dem Ineinanderfließen der privaten und beruflichen
Existenz, mit den Tücken der freien Zeiteinteilung,
mit der einsamkeitsfördernden Wirkung der Predigtarbeit, mit dem übertriebenen prosozialen Verhalten
bei Pfarrern sowie mit deren besonderer Anfälligkeit
gegenüber „Größenwahn"- und Schamgefühlen beschäftigen. Es sollte eine eigenständige Stressmanagementliteratur geschaffen werden, die den europä-
ischen bzw. deutschen Verhältnissen angepasst ist.
Das Gleiche gilt für die Erarbeitung von Stressmanagementhilfen, die auf die kirchlichen Verhältnisse zu-

geschnitten und mit spezifischen Fragebögen und Auswertungsvorlagen ausgestattet sind. Das Angebot von Burnout-Präventions- oder Stressmanagement-kursen sollte trotz finanzieller Engpässe erhalten bleiben bzw. weiter ausgebaut werden.

Bei der Bekämpfung von akutem übermäßigem Stress im Pfarramt und bei der Predigtarbeit muss zügig, lösungsorientiert und handlungsbezogen vorgegangen werden. Man darf nicht zu lange bei Problembeschreibungen verweilen, wie es derzeit tendenziell der Fall ist. Innerkirchliche Untersuchungen sollten sich gezielt mit der Thematik „Stressbewältigung" befassen und die bisherigen umfangreichen Studien über Berufszufriedenheit und Belastungserleben erweitern bzw. fokussieren. Neben die professionstheoretische Reflexion zur krisenhaften Berufssituation muss die Entwicklung von Stresskompetenzen treten, um direkt beim vom Stress bedrohten oder geschädigten Individuum anzusetzen. Man muss den einzelnen Pfarrern Werkzeuge in die Hand geben, die praktisch und unmittelbar zur Bewältigung ihrer beruflichen Belastungen beitragen.

Im Zusammenhang mit dem Stressmanagement ist die *Rolle der persönlichen Spiritualität* zu bedenken und noch eingehender zu untersuchen. Beispielsweise wäre sowohl der interkonfessionell-theologische als auch der wissenschaftlich-interdisziplinäre Dialog zum Themenbereich Spiritualität gewinnbringend – zumindest bis zu dem Grad, der die eigene theologische Identität nicht gefährdet. Auf jeden Fall sollte man das reformatorische und pietistische Erbe im Blick behalten, ohne die Augen vor sozialwissenschaftlichen Erkenntnissen zu verschließen. Die Einrichtung von Instituten und Lehrstühlen für Spiritualität an evangelischen theologischen Fakultäten würde Pfarrern die

Findung eines eigenen spirituellen Weges erleichtern. Die Einbettung der Spiritualität zwischen der Theologie, Human-, Sozial- und Kulturwissenschaften könnte die in der christlichen Stressliteratur angedeutete Integration des geistlichen Lebens in die Stressbewältigung wissenschaftlich untermauern und für die praktische Anwendung fruchtbar machen. Das würde die Pfarrer noch mehr dazu ermutigen, das geistliche Leben nicht ausschließlich als Privatsache, sondern es als ureigenstes Terrain des Pfarrberufs zu betrachten, wie es schon Philipp Jakob Spener (1635-1705) in seiner „Pia Desideria" von den Theologiestudenten seiner Zeit forderte.[206]

Auch in der *Homiletik* sollte das Thema „Stress" thematisiert werden. Es darf beim Lesen der homiletischen Fachliteratur nicht der Eindruck entstehen, als ob Stress bei der Predigtarbeit keine Rolle spiele. Eine Stressursachenforschung im Bereich der Homiletik muss nach Belastungen fragen, die vom Prediger, Predigthörer oder Predigttext ausgehen. Man könnte die Entstehung und Weitergabe einer Predigt aber auch aus der Perspektive der Stress*bewältigung* betrachten und die Stressoren, Stressverstärker und Stressreaktionen in Bezug auf die Predigtarbeit in den Blick nehmen. Im Zusammenhang mit Stressbewältigung tauchen weitere Fragen für die Homiletik auf: Welchen Einfluss nimmt negativer Stress auf die Predigtqualität? Ist es mit Stress verbunden, wenn Pfarrer Gottes Wort predigen, ohne an dessen Historizität und Autorität zu glauben? Wie wirkt sich das gesicherte Einkommen eines Pfarrers auf das Stresserleben bezüglich der Predigtarbeit aus?

---

[206] Philipp Jakob Spener, *Pia Desideria: Oder Hertzliches Verlangen nach gottgefälliger Besserung der wahren Evangelischen Kirchen* (Karl Franz Köhler: Leipzig, 1841), 85-99.

Die Bedeutung der Verklammerung von Spiritualität und Stressbewältigung im Rahmen der Predigtarbeit ist schon bei der universitären Ausbildung explizit hervorzuheben. Beim Erlernen der Predigtkunst
muss klar sein, dass sich die Predigtarbeit nicht allein
im geistig soliden Arbeiten erschöpft. Die Predigtarbeit ist ebenso ein spiritueller Prozess, bei dem sich
der Prediger in das Wort Gottes, in den Predigthörer
und in die eigene Person einfühlt. Auf diese Weise
kann die Predigtarbeit maßgeblich zur Stressreduktion von Gemeindepfarrern beitragen, da sie das geistliche Leben des Predigers fördert und ermutigenden
Widerhall beim Predigthörer bewirkt, was wiederum
das Gefühl der Selbstwirksamkeit des Pfarrers erhöht.

Die Wertschätzung der Predigt sollte seitens der
Praktischen Theologie und der Kirchenleitung immer
wieder und eindringlich öffentlich geäußert werden,
um Gemeindepfarrer zu einer leidenschaftlichen, geistig soliden und qualitativ hochwertigen Predigtarbeit
zu motivieren. Die offiziell bekundete Anerkennung
der Predigtarbeit erleichtert die Predigtvorbereitung
auch insofern, dass ihr vom Pfarrer und von der Kirchengemeinde ausreichend Zeit eingeräumt wird. Erst
durch das zugestandene Zeitkontingent kann sich das
stressreduzierende Potential der Predigtarbeit richtig
entfalten. Um Frustration beim Prediger zu vermeiden, sollte zudem durch Strukturveränderungen eine
Mindestzahl von Predigthörern in einem Gottesdienst
gewährleistet sein, d. h. lieber an weniger Orten mit
mehr Predigthörern zu predigen als umgekehrt.

Negativer Stress ist ein gesellschaftliches Phänomen
unserer Zeit, dem sich niemand entziehen kann. Auch
im Pfarrberuf und bei der Predigtarbeit kommt es immer wieder zu Phasen vermehrter Belastungen, die

das Leistungsvermögen herabsetzen und bei längerer Dauer die Gesundheit schädigen. Damit sich Pfarrer erfolgreich mit privatem und beruflichem Stress auseinandersetzen können, müssen sie mit den Prinzipien der Stressbewältigung vertraut sein. Innerhalb des Stressmanagements spielt die Predigtarbeit eine bedeutende Doppelrolle: Sie *bedarf* der Stressbewältigung und sie *fördert* die Stressbewältigung. Um eine befriedigende, qualitativ hochwertige Predigtarbeit und damit auch eine hohe Berufszufriedenheit zu erzielen, ist ein erfolgreiches Stressmanagement hilfreich und notwendig. Die Bewältigung von Stress gelingt jedoch wiederum besser, wenn sie durch den stress*reduzierenden* Faktor „Predigtarbeit" unterstützt wird. Die Stressreduktion ergibt sich aus der ruhigen, konzentrierten geistigen Arbeit und der Beschäftigung mit dem, was den Kernbestandteil des Pfarrberufs ausmacht.

Von großer Bedeutung für die stressabbauende Wirkung der Predigtarbeit ist die Intensivierung der spirituellen Praxis bei der Predigtvorbereitung. Durch das meditierende Studium des Predigttextes kommt es zur Begegnung mit Gott. Seine Gegenwart vermittelt Kraft und Freude, die über das Menschenmögliche hinausgehen. Somit trägt die Predigtarbeit wesentlich mehr zur Stressbewältigung bei, als dass sie selbst Stress auslöst. Das stressreduzierende Potential der Predigtvorbereitung kann sich vor allem dann optimal entfalten, wenn Kirchenleitung, Kirchengemeinde und Pfarrer ein ausreichendes Zeitkontingent für die Predigtarbeit einräumen. Dass die Zugeständnisse nicht nur ein Lippenbekenntnis sind, muss sich daran zeigen, dass die Pfarrer von sekundären Tätigkeiten des Pfarramtes entlastet werden und damit mehr Zeit und Energie für ihre Predigtarbeit gewinnen.

Selbstverständlich ist und bleibt das Hauptanliegen der Predigtarbeit die *Verkündigung*. Die Versöhnung des Menschen mit Gott zu proklamieren hat Vorrang vor allen anderen Gesichtspunkten, auch vor dem Aspekt der Stressbewältigung. Die Predigtarbeit dient aber auch - zumindest indirekt - der Stressbewältigung, indem sie die Spiritualität des Pfarrers fördert. Eine die Spiritualität integrierende Stressbewältigung bei der Predigtarbeit erhöht das Achthaben auf die eigene Seele. Weil aber die Seele des Pfarrers das Werkzeug seines Wirkens ist, und er auf ihren Zustand achthaben muss, ist die Stressbewältigung bei der Predigtarbeit ein Thema für *jeden* Pfarrer.

Literaturverzeichnis

Ahrens, Petra-Angela. Inhaltliche Verhandlung der Themenkomplexe. In: Laube, Martin (Hg.). *Perspektiven für den Pfarrberuf: Auswertungstagung zum Diskussionsprozess über das "Arbeitsbuch zur Pastorinnen- und Pastorenbefragung der Ev.-Luth. Landeskirche Hannovers"*. Evangelische Akademie Loccum: Rehburg-Loccum, 2008. 18-81.

Augsburger, David. *Freiheit der Vergebung*. Liebenzeller Mission: Bad Liebenzell, 1990.

Barth, Karl. *Gesammelte Vorträge*. Teil 1: *Das Wort Gottes und die Theologie*. Theologischer Verlag: Zürich, 1929.

Bauer, Joachim et al. Belastungserleben und Gesundheit im Pfarrberuf: Eine Untersuchung in der Evangelischen Landeskirche Baden. Deutsches Pfarrerblatt (2009) 9, 460-466.

Becker, Dieter (Hg.). *Berufszufriedenheit im heutigen Pfarrberuf: Ergebnisse und Analysen der ersten Pfarrzufriedenheitsbefragung in Korrelation zu anderen berufssoziologischen Daten*. AIM-Verl.-Haus: Frankfurt a.M., 2005.

Benton, John. EN pastors´ survey, Evangelicals Now, 2005. Online im Internet: http://www.e-n.org.uk/p-3054-EN-pastors-survey.htm [Stand 2011-11-10].

Berger, Klaus. *Was ist biblische Spiritualität?* Quell: Gütersloh, 2000.

Bohren, Rudolf. *Predigtlehre.* 4., veränderte u. erw. Aufl. Kaiser: München, 1980.

Burisch, Matthias. *Das Burnout-Syndrom: Theorie der inneren Erschöpfung.* 2. Aufl. Springer: Berlin, Heidelberg, 1994.

Clairvaux, Bernhard von [Claraevallensis]. *Was ein Papst erwägen muß.* Übertragen u. eingeleitet v. H. U. v. Balthasar nach der krit. Ausg. v. J. Leclercq und H. M. Rochais. Johannes: Einsiedeln, 1985.

Damblon, Albert. Sprechen! Sprechen! Sprechen! Wider die sonntägliche Predigtleserei. Zeitschrift für Gottesdienst und Predigt (1989) 1, 22-25.

Dittmann, Karsten. Kreatives Schreiben in der Schule: Die Angst vor dem leeren Blatt. homilia. Kreatives Predigt-Schreiben. 2011. Online im Internet: http://homilia.de/schreiben/ [Stand 2011-11-10].

Doering, Carrie. Meditation: Meditation as a Spiritually-integrative Practice for Coping with Stress. In: Noth, Isabelle (Hg.): *Pastoralpsychologie und Religionspsychologie im Dialog - Pastoral Psychology and Psychology of Religion in Dialogue.* Kohlhammer: Stuttgart, 2011. 93-117.

Drehsen, Volker. Das öffentliche Schweigen christlicher Rede: Die Grenzen des Gottesdienstes und die theologische Vorbildung des Pfarrers. In: Beutel, Albrecht (Hg.). *Homiletisches Lesebuch: Texte zur heutigen Predigtlehre.* Katzmann: Tübingen, 1986. 261-286.

Eickhoff, Klaus. *Harmlos, kraftlos, ziellos: Die Krise der Predigt - und wie wir sie überwinden.* SCM R. Brockhaus: Witten, 2009.

Elkin, Allen. *Erfolgreiches Stressmanagement für Dummies: Genießen Sie das Leben - ohne Druck und Sorgen.* 2., überarb. Aufl. Wiley: Weinheim, 2007.

Ellis, Albert. *Die rational-emotive Therapie: Das innere Selbstgespräch bei seelischen Problemen und seine Veränderung.* 5., stark erw. Neuausg. Pfeiffer: München, 1993.

Focus Online. Berufsleben: Niemand ist glücklicher als Pfarrer. 2007. Online im Internet: http://www.focus.de/finanzen/karriere/perspektiven/berufe/pfarrer_aid_53999. html [Stand 2011-11-10].

Focus Online. Umfrage: Pfarrer sind nicht besser als Taxifahrer. 2009. Online im Internet: http://www.focus.de/finanzen/karriere/berufsleben/umfrage-pfarrer-sind-nicht-besser-als-taxifahrer_aid_388099.html [Stand 2011-11-10].

Grün, Anselm. *Spiritualität: Ein ganzer Mensch sein.* Überarb. u. erw. Ausg. Herder: Freiburg, Basel, Wien, 2011.

Halbe, Jörn. Das Elend im Pfarrberuf heute: Lage und Lösungswege. Deutsches Pfarrerblatt (2008) 4, 192-196.

Hardinghaus, Barbara. Pastoren müde und ausgebrannt, Hamburger Abendblatt. 2003. Online im Internet: http://www.abendblatt.de/hamburg/article212809/ Pastoren-muede-und-ausgebrannt.html [Stand 2009-11-07].

Hartmann, Thomas A. G. Herz, Stress und Professionalität im Pfarrberuf: Eine biblisch-ekklessiologe Kardiopathologie. Deutsches Pfarrerblatt (2001) 7, 351-355.

Henning, Christian (Hg.). *Einführung in die Religionspsychologie.* Schöningh: Paderborn, München, Wien, Zürich, 2003.

Hertzsch, Erich. Exercitia spiritualis in der evangelischen Kirche. Theologische Literaturzeitung (1961) 86. 81-94.

Heusser, Peter. Neurobiologische Aspekte von Glaube und Spiritualität: Gesundheit, Stress und Belohnung. In: Büssing, Arndt, Kohls, Niko (Hg): *Spiritualität transdisziplinär: Wissenschaftliche Grundlagen im Zusammenhang mit Gesundheit und Krankheit.* Springer: Berlin, Heidelberg, 2011. 13-36.

Heyl, Andreas von. *Zwischen Burnout und spiritueller Erneuerung: Studien zum Beruf des evangelischen Pfarrers und der evangelischen Pfarrerin.* Lang: Frankfurt a.M., 2003.

Hulme, William E. *Managing stress in ministry.* Harper & Row: San Francisco, 1985.

Irvine, Andrew R. *Between two worlds: Understanding and managing clergy stress.* Mowbray: London, 1997.

Jacobson, Edmund. *Entspannung als Therapie: Progressive Relaxation in Theorie und Praxis*. Mit einem Beitrag von Richard Höfler zur Weiterentwicklung der "progressiven Relaxation" nach Jacobson. 5. Aufl. Pfeiffer bei Klett-Cotta: Stuttgart, 2002.

Josuttis, Manfred. *Der Traum des Theologen*. Aspekte einer zeitgenössischen Pastoraltheologie, Bd. 2. Kaiser: München, 1988.

Kaluza, Gert. *Gelassen und sicher im Stress: Das Stresskompetenz-Buch: Stress erkennen, verstehen, bewältigen*. 3., voll. überarbeitete Aufl. Springer: Heidelberg, 2007.

Karle, Isolde. Was heißt Professionalität im Pfarrberuf? Deutsches Pfarrerblatt (1999) 1, 5-9.

Karle, Isolde. *Der Pfarrberuf als Profession: Eine Berufstheorie im Kontext der modernen Gesellschaft*. Kreuz: Stuttgart, 2008.

Katholische Nachrichten. Dänemark: Pfarrer kündigen wegen zu viel Stress. 2007. Online im Internet: http://www.kath.net/detail.php?id=17372 [Stand 2011-11-10].

Kirchhoff, Ernst. Die Person des Geistlichen: Der Pastor als geistlicher Mensch. In: Haubeck, Wilfried (Hg.). *Geistlich leben: Spiritualität in Gemeinde und Alltag*. Bundesverlag: Witten, 2007. 7-29.

Klein, Constantin. *Gesundheit – Religion – Spiritualität: Konzepte, Befunde und Erklärungsansätze*. Juventa: Weinheim, München, 2011.

Klessmann, Michael. *Ärger und Aggression in der Kirche*. Vandenhoeck & Ruprecht: Göttingen, 1992.

Klessmann, Michael. *Pastoralpsychologie: Ein Lehrbuch*. Neukirchener: Neukirchen-Vluyn, 2004.

Klessmann, Michael. Heilsamer Glaube?! Über den Zusammenhang von Religiosität, Seelsorge und Heilung. In: Gestrich, Christof (Hg.): *An Leib und Seele gesund: Dimensionen der Heilung*. Wichern: Berlin, 2007. 130-148.

Klessmann, Michael. Religion und Gesundheit. In: Noth, Isabelle (Hg.). *Pastoralpsychologie und Religionspsychologie im Dialog - Pastoral Psychology and Psychology of Religion in Dialogue*. Kohlhammer: Stuttgart, 2011. 28-39.

Kliebisch, Udo W. *Power teaching: Was die Lehrerausbildung zu lehren vergaß. Das Handbuch für junge Lehrerinnen und Lehrer.* Schneider Hohengehren: Baltmannsweiler, 1998.

Knoblauch, Jörg. *Berufsstress ade! 33 erprobte Strategien für den beruflichen Alltag.* 8. Aufl. Brockhaus, Tempus: Wuppertal, Giengen, 2000.

Kretschmann, Rudolf (Hg.). *Stressmanagement für Lehrerinnen und Lehrer: Ein Trainingsbuch mit Kopiervorlagen.* 3., neu ausgestattete Aufl. Beltz: Weinheim, 2008.

Krüger-Hundrupp, Marion. Katholische Kirche: Pfarrer machen sich zu viel Stress. Bayerischer Rundfunk. 2009. Online im Internet: http://www. br-online.de/.../pfarrer-bamberg-2009-kw19-ID1241533564872.xml [Stand 2009-11-06].

Küstenmacher, Werner. *Simplify your life: Einfacher und glücklicher Leben. Die sieben Wege zu einem Leben ohne Ballast.* 11. Aufl., komplett überarb. u. aktualisierte Ausgabe. Campus: Frankfurt a.M., New York, 2004.

Kuttler, Iris. *Pfarrer in der Krise: Zusammenhänge zwischen Arbeitsanforderungen im Pfarrberuf und dem Burnout-Syndrom.* Wissenschaftliche Arbeit zur Erlangung des Grades einer Diplom-Psychologin. Universität Konstanz, 2007.

Lange, Ernst. *Predigen als Beruf: Aufsätze.* Hg. R. Schloz. Kreuz: Stuttgart, 1976.

Lazarus, Richard S.. *Stress and Emotion: A New Synthesis.* Free Association Books: London, 1999.

Lerle, Ernst. *Kontaktstark verkündigen: Grundzüge bibeltreuer Predigt.* Hänssler: Stuttgart-Neuhausen, 1989.

Linehan, Marsha. *Trainingsmanual zur dialektisch-behavioralen Therapie der Borderline-Persönlichkeitsstörung.* CIP-Medien: München, 1996.

Lutz, Rainer (Hg.). *Genuss und Genießen: Zur Psychologie des genussvollen Erlebens und Handelns.* Beltz: Weinheim, Basel, 1983.

MacDonald, Gordon. *Ordering your private world.* Oliver Nelson: Nashville, 1985.

Malm, Magnus. *Gott braucht keine Helden. Mitarbeiter zwischen Rolle und Wahrhaftigkeit.* R. Brockhaus: Wuppertal, 2007.

Möller, Christian. *Einführung in die praktische Theologie.* Francke: Tübingen, 2004.

Müller-Timmermann, Eckhart. *Ausgebrannt: Wege aus der Burnout-Krise.* 10., vollständig neu bearb. Aufl. Herder: Freiburg i.B., Basel, Wien, 2004.

Niebuhr, Reinhold, McAfee Brown, Robert. *The essential: Selected essays and addresses.* Yale University Press: New Haven, 1986.

Or, Eunice. UK Evangelical Survey Reveals Stress as Biggest Problem for Pastors. Christian Today Limited. London, 2005. Online im Internet: http://www.christiantoday.com/article/uk.evangelical.survey.reveals.stress.as.biggest.problem.for.pastors./3340.htm [Stand 2011-11-10].

Oskamp, Paul. *Gut predigen: Ein Grundkurs.* Gütersloher: Gütersloh, 2001.

Otto, Jürgen. *Befindensveränderungen durch emotionsbezogene und aufgabenbezogene Stressbewältigung.* Centaurus: Pfaffenweiler, 1991.

Pennington, Jerry W. Stress and burnout among clergy couples serving in new work areas. DEd Dissertation. Southwestern Baptist Theological Seminary. Fort Worth, Texas, 1989 (Mikrofiche-Ausgabe: Ann Arbor, Michigan 1988).

Pfetzing, Andrea. Art. „Schlafhygiene". In: Peter, Helga (Hg.): *Enzyklopädie der Schlafmedizin.* Springer: Heidelberg, 2007. 1090-1092.

Pines, Ayala Malach, Aronson, Elliot, Kafry, Ditsa. *Ausgebrannt: Vom Überdruss zur Selbstentfaltung.* 3. Aufl. Klett-Cotta: Stuttgart, 1991.

Rassieur, Charles L. *Stress management for ministers.* Westminster Press: Philadelphia, 1982.

Reschika, Richard. *Praxis christlicher Mystik: Einübungen - von den Wüstenvätern bis zur Gegenwart.* Herder: Freiburg i.B., Basel, Wien, 2007.

Riess, Richard. *Auf der Suche nach dem eigenen Ort: Mensch zwischen Mythos und Vision.* Kohlhammer: Stuttgart, 2006.

Roessler, Ingeborg. Die Pfarrerehe – Eindrücke aus der Beratungspraxis. In: Riess, Richard (Hg.). *Haus in der Zeit: Das evangelische Pfarrhaus heute.* 2., veränderte u. ergänzte Aufl. Kaiser: München, 1992. 190-200.

Rohnke, Andreas. *Pfarrberufe heute: Typologien pastoraler Berufsgestaltung. Eine empirisch-theologische Studie zur Ausdifferenzierung des Pfarrberufs.* AIM-Verlagshaus: Frankfurt a.M., 2009.

Ruhbach, Gerhard. *Theologie und Spiritualität: Beiträge zur Gestaltwerdung des christlichen Glaubens.* Vandenhoeck &. Ruprecht: Göttingen, 1987.

Schächtele, Traugott. Kein Grund, bei der Tagesordnung zu bleiben: Anmerkungen und erste Überlegungen zu den Ergebnissen und möglichen Konsequenzen der Pfarrerbefragung aus berufspolitischer Sicht. Deutsches Pfarrerblatt (2009) 9, 467-468.

Schowalter, Marion, Murken, Sebastian. Religion und psychische Gesundheit: Empirische Zusammenhänge komplexer Konstrukte. In: Henning, Christian (Hg.). *Einführung in die Religionspsychologie.* Schöningh: Paderborn, München, Wien, Zürich, 2003. 138-162.

Schreuder, Osmund. Die schweigende Mehrheit. In: Beutel, Albrecht (Hg.). *Homiletisches Lesebuch: Texte zur heutigen Predigtlehre.* Katzmann: Tübingen, 1986. 253-260.

Schütz, Christian (Hg.). *Praktisches Lexikon der Spiritualität.* Herder: Freiburg i.B., Basel, Wien, 1992. 849-850.

Schulz von Thun, Friedemann. *Stile, Werte und Persönlichkeitsentwicklung: Differentielle Psychologie der Kommunikation.* Miteinander reden 2. Rowohlt: Reinbek, 2006.

Schwarzer, Ralf. *Stress, Angst und Handlungsregulation.* 3., überarb. u. erw. Aufl. Kohlhammer: Stuttgart, 1993.

Seitz, Manfred. *Praxis des Glaubens: Gottesdienst, Seelsorge und Spiritualität.* Vandenhoeck & Ruprecht: Göttingen, 1978.

Seitz, Manfred. *Erneuerung der Gemeinde: Gemeindeaufbau und Spiritualität.* Vandenhoeck und Ruprecht: Göttingen, 1985.

Seiwert, Lothar J. *Mehr Zeit für das Wesentliche: Besseres Zeitmanagement mit der SEIWERT-Methode.* 13. Aufl. Moderne Industrie: Landsberg a.L., 1992.

Smollin, Anne Bryan. *Stress - was nun?: Zwölf Wege, die helfen.* Johannis: Lahr, 2002.

Spener, Philipp Jakob. *Pia Desideria: Oder Hertzliches Verlangen nach gottgefälliger Besserung der wahren Evangelischen Kirchen.* Karl Franz Köhler: Leipzig, 1841.

Spitzer, Manfred. *Geist im Netz: Modelle für Lernen, Denken und Handeln.* Spektrum: Heidelberg, Berlin, 2000.

Spitzer, Manfred. *Musik im Kopf: Hören, Musizieren, Verstehen und Erleben im neuronalen Netzwerk.* 8. Aufl. Schattauer: Stuttgart, 2008.

Spurgeon, Charles Haddon. *Ratschläge für Prediger: 21 Vorlesungen.* Oncken: Wuppertal, 1977.

Stadelmann, Helge. *Evangelikale Predigtlehre: Plädoyer und Anleitung für die Auslegungspredigt.* R. Brockhaus: Wuppertal, 2005.

Steck, Wolfgang. *Praktische Theologie: Horizonte der Religion, Konturen des neuzeitlichen Christentums.* Strukturen der religiösen Lebenswelt, Bd. 2. Kohlhammer: Stuttgart, Berlin, Köln, 2011.

Steffensky, Fulbert (Hg). *Nicolaigasse: Der Pfarrer und das Pfarrhaus in der Literatur.* Radius: Stuttgart, 2004.

Utsch, Michael, Klein, Constantin. Religion, Religiosität, Spiritualität. Bestimmungsversuch für komplexe Begriffe. In: Klein, Constantin (Hg.), Berth, Hendrik, Balck, Friedrich. *Gesundheit - Religion - Spiritualität: Konzepte, Befunde und Erklärungsansätze.* Juventa: Weinheim, München, 2011. 25-45.

Verlohr, Martin. *Ausgebrannt: Ein Pfarrer zwischen Scheitern und Neuanfang.* Brockhaus: Wuppertal, Zürich, 1990.

Victor, Christoph. *Pfarrer sein in wechselnden Gesellschaften: Eine qualitative Untersuchung zu Identität und Alltag im Pfarrberuf.* DTh Augustana Hochschule, Neuendettelsau. Evangelische Verlagsanstalt: Leipzig, 2005.

Voll, Dieter. Das evangelische Pfarrhaus und die Praxis geistlichen Lebens. In: Riess, Richard (Hg.). *Das Haus in der Zeit: Das evangelische Pfarrhaus heute.* Kaiser: München, 1979.

Wieland-Eckelmann, Rainer. *Erholungsforschung: Beiträge der Emotionspsychologie, Sportpsychologie und Arbeitspsychologie.* Beltz, Psychologie-Verlags-Union: Weinheim, 1994.

Willberg, Hans-Arved. *Einfach entspannt: Das Wohlfühlprogramm nach Jacobson.* 2. Aufl. Hänssler: Neuhausen-Stuttgart, 2007.

Willberg, Hans-Arved. *Mach das Beste aus dem Stress: Wie Sie Ihr Leben ins Gleichgewicht bringen.* R. Brockhaus: Wuppertal, 2006.

Zerfaß, Rolf. *Menschliche Seelsorge: Für eine Spiritualität von Priestern und Laien im Gemeindedienst.* 5. Aufl. Herder: Freiburg i.B., 1991.

Zimmerling, Peter. *Evangelische Spiritualität: Wurzeln und Zugänge.* Vandenhoeck & Ruprecht: Göttingen, 2003.

Zulehner, Paul M. *Einführung in den pastoralen Beruf: Ein Arbeitsbuch.* Don-Bosco: München, 1977.

Anhang

Fragebogen zur Selbsteinschätzung[207]

Instrumentelle Stressbewältigung		
	Kategorie	Frageimpulse
1	Zeit	Wie bekommen Sie Ihre Zeit bei der Predigtvorbereitung in den Griff?
2	Selbstbehauptung	Welche Maßnahmen ergreifen Sie, um nicht der Spielball überzogener Erwartungen Ihrer Predigthörer zu werden?
3	Soziales Netz	Wie meistern Sie die Einsamkeit Ihrer Studierstube und auf der Kanzel?
4	Beziehungen	Wie stellen Sie während der Predigt eine Beziehung zum Zuhörer her?

---

[207] Dieser Fragebogen repräsentiert den größten Teil des Interviewleitfadens meiner qualitativen empirischen Untersuchung.

5	Negative Emotionen	Wie überwinden Sie bei der Predigtarbeit die Schwierigkeiten mit angestautem Ärger?
6	Fachliche Kompetenz	Worin sehen Sie Möglichkeiten, die homiletischen Fertigkeiten auf dem aktuellen Stand zu halten?
7	Kreativität	Wie fördern Sie Ihre Kreativität, wenn Sie sich „leergepredigt" fühlen?

Mentale Stressbewältigung

	Kategorie	Frageimpulse
8	Akzeptanz der Realität	Wie werden Sie mit der Schwierigkeit fertig, Ihr eigenes Stresserleben zu akzeptieren, z.B. Angst vor dem leeren Blatt, Lampenfieber mit Mundtrockenheit vor der Predigt?
9	Konstruktives Denken	Wie wird Ihr Denken wieder konstruktiv, wenn Sie die scheinbare Wirkungslosigkeit der Predigt belastet?
10	Konstruktive Bewertung	Was hilft Ihnen, wenn Sie über einen längeren Zeitraum an der Qualität Ihrer Predigt zweifeln?
11	Herausforderung statt Bedrohung	Wie packen Sie es an, wenn Sie das Predigen als Bedrohung empfinden?
12	Stressverstärker	Hier sind einige Beispiele stressverstärkender Denkmuster: „Sei perfekt!", „Sei beliebt!", „Sei stark!", „Sei vorsichtig!" oder „Ich kann nicht!". Welche Art von „Muss-Denken" macht Ihnen besonders zu schaffen?
13	Stressverschärfende Denkmuster	Wie begegnen Sie diesen stressverschärfenden Denkmustern?

Regenerative Stressbewältigung

	Kategorie	Frageimpulse
14	Bewegung	Wie gleichen Sie die vorwiegend sitzende Tätigkeit der Predigtvorbereitung aus?
15	Ausgleich	Was bringt Ihnen Ausgleich und Ruhe, um genügend Freiraum für ein solides geistiges Arbeiten an der Predigt zu haben?
16	Entspannung	Wenn sich das Wochenende nähert, wie gehen Sie mit der Anspannung während der Predigtvorbereitung um?

17	Freizeit	Wie können Sie trotz der hohen beruflichen Belastung noch Zeit für Hobbys, Sport und Freizeitaktivitäten finden?
18	Alltag genießen	Wie schaffen Sie es, neben den Belastungen durch Ihren Beruf und Predigtarbeit im Alltag noch zu genießen?

Spiritualität als Aspekt der Stressbewältigung bei der Predigtarbeit

	Kategorie	Frageimpulse
19	Glaubensleben	Welche Rolle spielt Ihr persönliches Glaubensleben bei der Stressbewältigung?
20	Persönliche Schriftmeditation	Welche Bedeutung hat die persönliche Schriftmeditation für Sie - neben der Textlese für die Predigtvorbereitung?
21	Gebet	Hilft es Ihnen, während der Predigtarbeit mit Gott zu kommunizieren?
22	Dank	Wie drücken Sie gegenüber Gott Ihre Dankbarkeit aus, nachdem die Predigt gehalten ist?
23	Geistliche Musik	Welchen Einfluss nimmt das Musizieren oder das Hören geistlicher Musik auf Ihre Predigtarbeit?
24	Gemeinschaft	Wie wirkt sich die Gemeinschaft mit anderen Predigern auf Ihre Predigttätigkeit aus?
25	Anfechtung	Wie leidet Ihre Predigtarbeit, wenn Sie geistlich angefochten sind?
26	Predigtvorbereitung	Welche positiven Einflüsse gehen von der Predigtvorbereitung selbst für ihre Stressbewältigung aus?